LISA NEUBAUER

SIMONE de BEAUVOIR

Eine illustrierte Biografie

Aber das ist unfair!

UNRAST

Bibliografische Information der Deutschen Bibliothek
Die Deutsche Bibliothek verzeichnet diese Publikation in der
Deutschen Nationalbibliografie; detaillierte bibliografische
Daten sind im Internet über http://dnb.de abrufbar.

Lisa Neubauer
Simone de Beauvoir
Eine illustrierte Biografie
1. Auflage, Oktober 2023
ISBN 978-3-89771-370-3

© UNRAST-Verlag, Münster 2023
www.unrast-verlag.de – kontakt@unrast-verlag.de
Mitglied in der assoziation Linker Verlage (aLiVe)

Umschlag: Lisa Neubauer
Satz: Lisa Neubauer
Druck: Multiprint, Kostinbrod

*Es gibt ein gutes Prinzip, das die Ordnung, das
Licht und den Mann geschaffen hat, und ein
böses Prinzip, das das Chaos, die Finsternis und
die Frau geschaffen hat.*

Pythagoras

*... es ist [...] deutlich, dass
nicht ein Akt der Belehrung,
sondern allein ein Akt der Befreiung
die Dummheit überwinden [kann].*

Dietrich Bonhoeffer

PRÉLUDE: GEBURT

Frauen ...

... besaßen weiche Pelze, seidige Mieder ...

... und duftende, sanfte Arme, in die ich mich schmiegen konnte.

Männer hingegen...

... beeindruckten mich eher.

Na, Simone, wirst du immer noch violett, wenn du deinen Haferschleim aufessen sollst?

So ein drolliges Mädchen!

Mit ihren kräftigen Stimmen und ihren borstigen Schnurrbärten würdigten sie meine Existenz.

9

Am 9. Januar 1908 wurde ich als
Simone Lucie Ernestine Marie Bertrand
de Beauvoir in Paris geboren.

Mama

Papa

ich

UNSER
Kindermädchen
Louise
(nicht mit auf dem Foto)

Meine
kleine Schwester
Hélène, genannt
Poupette

Ich hielt mich für ein großes Glückskind,
weil Gott gerade diesen Vater, diese Mutter, diese
Schwester und dieses Leben für mich
vorgesehen hatte.

Der Mann, der mich vor allen am meisten beeindruckte, war mein Vater.

Henri de Beauvoir, Enkel eines Steuerberaters mit adeligem *von* im Namen, Liebhaber von Literatur und Theater ...

... und passionierter Laiendarsteller.

Wenn er abends vor dem Kamin Gedichte und Dramen rezitierte, hörten wir ihm gebannt zu.

Ich bewunderte seine Vernunft, sein Wissen. Mein Vater konnte mir einfach alles erklären.

Bücher!

Wenn du größer bist, darfst du sie alle lesen.

(Nun ja, nicht alle. Nur die, die für junge Mädchen geeignet sind.)

Als ich endlich in die Schule kam, interessierte sich Papa sehr für meine Lernfortschritte.

Was schreibst du denn da?

Eine Geschichte über die Familie Essiggurke.

Ich hab' sie mir ausgedacht. Sie sind wie unsere Familie, NUR komischer.

Hm, hm ...

Simone liegt die Orthografie im Blut.

Ich wollte zu ihm emporgehoben werden.

Auch meine Mutter Francoise war überzeugt von der Überlegenheit Henris.

WIR MÖGEN ZWAR NICHT SO VIEL GELD HABEN UND KEINE GROßE GROßE WOHNUNG...

ABER DAFÜR BESITZEN WIR STIL UND BILDUNG, DIESES GEWISSE >DU-WEIßT-SCHON-WAS<!

Francoise, Tochter eines Bankiers, der im ersten Weltkrieg infolge missglückter Spekulationen pleiteging.

Papa förderte meinen Intellekt.

Mama jedoch kümmerte sich um meine Seele.

JEDEN ABEND MUSST DU ZU GOTT BETEN, DAMIT DU EINES TAGES IN DEN HIMMEL KOMMST.

UND HALT DEN RÜCKEN DABEI GERADE. GOTT SIEHT DICH.

GOTT KANN ALLES SEHEN.

Mein Vater heiratete Françoise, als er 28 Jahre alt war und sie 20. Sie hatte gerade die Klosterschule abgeschlossen, als sie Henri begegnete.

Wir gingen jeden Sonntag zur Messe und zweimal die Woche zur heiligen Kommunion.

Meine Mutter war eine devote Gläubige und ich eiferte ihr darin nach.

Wie immer, wenn ich eine Aufgabe hatte, stürzte ich mich mit Feuereifer hinein.

IHRE TOCHTER HAT EINE SCHÖNE SEELE, MADAME.

DANKE, PATER

Manchmal lag ich nachmittags auf dem Moquette-Teppich im Wohnzimmer und wartete, dass meine Seele aus meinem Körper schwebte ...

... hinauf, in den blauen Himmel.

Hinter dem blauen Vorhang musste das ewige Licht liegen, das leuchtende Paradies.

Es war natürlich bloß ein Spiel.

Tatsächlich sterben zu müssen, war eine Grauen einflösende Vorstellung für mich.

Mein Selbst durfte nie vergehen.

Die Stimme, die sagte: »Ich bin ich«.

Wissen Sie schon, was Sie heute beichten wollen, kleine Mademoiselle?

Louise, geben Sie der Köchin Bescheid, dass wir gleich nach dem Gottesdienst essen wollen.

Geht ihr mal beten und beichten.

Ich gehe Bridge spielen.

Mein Vater kam nie mit uns zur Messe.

Dieser Widerspruch reizte mich.

ZAZA

Als ich in die vierte Klasse kam, saß eine Neue neben mir. Sie war anders als die anderen.

Zaza war schlau. Zaza sagte laut ihre Meinung.

Zaza war musikalisch.

Und vor allem besaß Zaza etwas, von dem ich glaubte, dass es mir fehlte:

... eine starke Persönlichkeit.

Nachdem unsere Mütter sich beschnuppert hatten, wurde unsere Freundschaft gutgeheißen.

In Zazas Familie ging es anders zu als bei uns.

Kommen Sie ins Arbeitszimmer. Da haben wir unsere Ruhe.

Wenn das meine Mutter sehen würde...

Mit Zaza konnte ich im Arbeitszimmer ihres Vaters richtige Gespräche führen wie unter Erwachsenen. Wir verwendeten sogar das respektvolle ›Vous‹.

Und was halten Sie von der Liebe, Mlle Lacoin?

Mein Zukünftiger sollte sich auf jeden Fall wie ich für Literatur, Musik und Poesie begeistern.

Ich werde mich nicht vor dem Tag verlieben, an dem ich jemanden treffe, der mich in Intelligenz, Kultur und Lebensart übertrumpft.

Mein Traummann musste mir überlegen sein.

So wie mein Vater ...

So wie Zaza.

...Simone?

Hm?

Warum muss ein Mann Ihnen überlegen sein? Genügt es nicht, gleichrangig zu sein?

Männern bleiben einfach so viele Möglichkeiten, sich zu bilden, zu reisen.

Wenn ein Mann mir gleichrangig wäre, wo er doch einen solchen Vorsprung vor mir hat, dann müsste er ja weniger wert sein als ich.

Meinetwegen muss er gar nicht so belesen sein... Vielleicht täte es auch ein Künstler. Hauptsache, sensibel.

Oh nein, bloß nicht ungebildet!!

Nur selten waren wir nicht einer Meinung.

Ich liebte Bücher.

Einmal lag ein aufgeschlagenes Buch auf dem Schreibtisch meines Vaters, das ich nicht kannte ...

Was tust du da?! Du darfst keine Bücher anfassen, die nichts für dich sind!!

Als meine Mutter mich dabei ertappte, war sie verstört.

Danach machte sie sich die Mühe, die verbotenen Stellen mit Klammern zusammenzuheften.

Unserer katholischen Mutter war alles Fleischliche ein Graus.

Sie brachte uns bei, unsere Unterwäsche zu wechseln, ohne auch nur ein Fitzelchen Haut zu entblößen.

Ich selbst konnte mir kaum vorstellen, wie sich das Körperliche in der Ehe gestaltete.

Einmal erwischte ich Louise und ihren Verlobten in unserer Küche. Er hatte ein rotes Gesicht.

Ups...

Igitt!!!

Ich konnte nicht nachvollziehen, was sie an ihm fand.

Der einzige Zugang zu solchen Geheimnissen waren für mich Bücher. Aber meine Eltern waren sehr vorsichtig, was meinen Lesestoff anging.

Für eine Weile las ich unbe- obachtet im Bad einen Groschen- roman aus der Tageszeitung.

Unser Klopapier bestand aus Schnipseln, die Hélène und ich aus der Zeitung ausschnitten.

Gespannt wartete ich jeden Tag darauf, wie es für die Heldin weiter- ging ...

An einer Stelle berührte die männliche Hauptfigur zu- fällig die weiße Brust der Heldin.

Die weiße Brust, die er- bebte ...

Simone!

Simone, spielen wir wieder MÄRTYRER?

Nachts wurde mir heiß und kalt. Ich war verwirrt.

Mein Vater arbeitete selten und verdiente nicht viel.

Wir mussten in eine kleinere Wohnung umziehen.

Währenddessen wurden Hélène und ich den Sommer über zu Papas Familie auf's Land geschickt.

Meistens spielten wie Krocket mit unserer Cousine Madeleine.

Madeleine genoß eine etwas freiere Erziehung als wir. Sie durfte alles lesen, was sie wollte.

Mein Vater missbilligte das.

Die lassen Madeleine sogar „Die Drei Muske- tiere – Teil Drei“ le- sen!

Sag mal, Madeleine...

Was hat es eigentlich mit den ver- botenen Bü- chern auf sich?

Was weißt du, was wir nicht wissen dürfen?

Hi hi! Über Mann und Frau, meint ihr?

Aaalso...

Seht ihr diese Kugeln da?

Ja und?

...Männer haben sowas auch.

Frauen hingegen haben jeden Monat einen roten Fluss. Dann müssen sie sich unten rum mit Bandagen einwickeln.

Aber wie soll ich denn dann mein Pipi machen?!

Hä?

Ach! ihr seid doch noch zu klein für sowas.

Madeleine
hatte
aber
eine Frage
ausgelassen:

Das
Geheimnis
der Em-
pfängnis.

Als wir wieder zu Hause waren,
bohrten wir bei unserer Mutter weiter.

Mama informierte uns, dass
Säuglinge ganz schmerzfrei durch
den After auf die Welt kämen.
Danach fragten wir nie wieder.

Die neue
Wohnung war
eng und dunkel.

Louise hatte geheiratet. Wir konnten
uns kein Dienstmädchen mehr
leisten und mussten nun die
Hausarbeit selbst erledigen.

Eines grauen Herbstnachmittages half
ich Mama beim Abtrocknen und sah
dabei aus dem Fenster. Hinter jedem
erleuchteten Viereck war eine andere
Frau und putzte, kochte, spülte.

Würde mein
Leben
einmal so
aussehen
?!?

Ich bekam oft Schwindelanfälle.
Der Apotheker wurde gerufen.

INTERMEZZO: DAS NICHTS UND ICH

Die Widersprüche, die ich erlebte, fingen an, meinen kritischen Geist immer mehr herauszufordern.

Schließlich entdeckte ich, dass Gott aus meinem Herzen verschwunden war.

Da war nun diese furchtbare Leere. Niemand sah mir mehr zu.

Wenn Gott tot war, musste auch ich eines Tages sterben.

Welche Verzweiflung!

Ich weinte und schrie und raufte mir die Haare.

Es machte keinen Sinn, irgendjemandem von dieser Entdeckung zu erzählen.

Als ich 15 war, wurde ich hässlich.

Simone! Bist du fertig?

So geht das nicht! Man sieht ja alles.

So können wir nicht gehen.

Zieh' dein Oberteil runter.

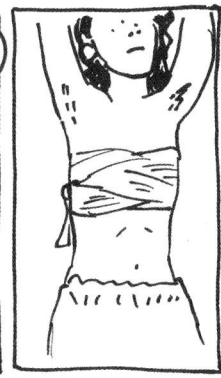

Meine platt bandagierte Brust war nun in ein schlecht sitzendes Kleid gehüllt, das vorher meiner Cousine gehört hatte.

Ich fühlte mich furchtbar unwohl auf diesem sonntäglichen Verwandtschaftstreffen.

Jacques, mein Junge! Was machen deine Studien?

Ich bin jetzt ein fleißiger Bücherwurm, Onkel Henri.

Mein Cousin Jacques war ein paar Jahre älter als ich und sollte einmal die Glasfabrik seines Großvaters übernehmen.

Na, Simone, Lust, ein paar Bälle mit mir zu spielen?

23

Ich hatte immer angenommen, mein Vater sei stolz, eine so schlaue Tochter zu haben.

Ich wusste jetzt schon, dass ich anderes in meinem Leben vorhatte, als zu heiraten und Kinder zu kriegen.

Aber für meinen Vater war es ein Zeichen seines gesellschaftlichen Abstieges, seine Töchter nicht verheiraten zu können. Und das war das Geheimnis seines andauernden Missmuts.

Ich wollte Philosophie studieren.

Und etwas schaffen, was der Nachwelt erhalten bliebe ...

... zum Beispiel Bücher.

Solange es Bücher gab, würde ich glücklich sein.

Als Hélène und ich das nächste Mal auf La Grillère zu Besuch waren, war ich nicht mehr ganz so unwissend ...

... Aber immer noch ein Backfisch.

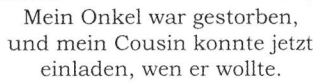

Mein Onkel war gestorben, und mein Cousin konnte jetzt einladen, wen er wollte.

Die scheinen sich aber gut zu verstehen.

...Und wisst ihr, was abends in den Bosketten vorgeht?

Dort machen sie ... beinahe alles!

Wir waren wenig interessant für die jungen Männer. Sie amüsierten sich lieber mit Mädchen aus den unteren Ständen.

Manche Mädchen gehen sogar bis zum Letzten!

Aber was soll man erwarten. Das sind eben Bauerntöchter aus dem Umland.

ha ha

hopse

Bürgerliche Mädchen wie uns würden sie hingegen später einmal heiraten.

...Männer müssen sich nunmal die Hörner abstoßen.

Unsere Cousins, Brüder und deren Freunde praktizierten längst das, worüber wir nicht einmal lesen durften.

Aber das ist unfair!

Ich bin für die Keuschheit für alle.

... Für alle gleichermaßen!!

Im Sommer vor meinem Abschluss wurde ich von Zazas Familie noch einmal auf ihr Landgut eingeladen.

Es sollte das letzte Mal sein.

Ich hatte niemandem erzählt, dass ich keine Katholikin mehr war.

Aber für Zazas Famlilie war es auch so offensichtlich, dass ich anders war.

Meine alte Schulfreundin, Simone de Beauvoir.

Meine Cousine ersten Grades, ...

meine Cousine zweiten Grades.

In Zazas Großfamilie drehte sich der halbe Tag um die Essenszubereitung.

Während des restlichen Tages wurde Besuch empfangen und das Essen verzehrt.

Zaza und ich hatten keine freie Minute zusammen.

Zaza, komm! Hilf mir, die Tischdecke aufzulegen.

Ich hatte fast den Eindruck, dass ihre Mutter sie absichtlich davon abhalten wollte, mit mir allein zu sein.

Obst ernten, Marmelade einkochen, Tische dekorieren... Ich hatte absolut nichts übrig für diese typischen Frauenarbeiten.

Fruchtkonserven einfüllen! Was für eine unsägliche Verschwendung von Zazas Talent!!

26

Simone.

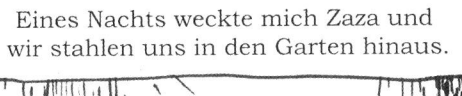

Eines Nachts weckte mich Zaza und wir stahlen uns in den Garten hinaus.

Kommen Sie!

Endlich konnten wir frei reden.

Es tut mir leid, dass meine Mutter Sie so unhöflich behandelt...

Sie muss mich für einen schlechten Einfluss halten.

Tja, sie will auf jeden Fall, dass ich eine gute Partie mache und nicht auf abwegige Gedanken komme.

Ich verstehe. Und sie weiß ja, ich bin zu arm zum Heiraten. Ich werde de arbeiten gehen.

Aber das passt mir ganz gut. Ich will vielleicht Schriftstellerin werden.

Es ist auch mein Traum, eines Tages zu schreiben!

Das können Sie doch immer noch! Sie müssen nicht heiraten, wenn Sie nicht wollen.

Sie verstehen das nicht. Ich kann meine Familie nicht enttäuschen. Eine Frau, die arbeitet, das gibt es bei uns nicht.

Entweder ich heirate, oder ich gehe ins Kloster.

Wir wussten nicht, wie selten und kostbar diese Momente gewesen sein würden.

27

Mein Teint hatte sich gebessert und ich gefiel mir inzwischen selbst recht gut im Spiegel.

Jacques hatte angefangen, um mich zu werben.

Jacques' neuer Sportwagen

Traummann Jacques

Tante Françoise, darf ich Ihre Tochter auf einen Ausflug entführen?

Aber natürlich!

Na, Simone, wie gefällt dir der Bois de Boulogne aus dieser Perspektive?

Wahnsinn.

Endlich fing mein Leben an.

War es das jetzt? War das hier das wahre Leben?

Als ich Zaza davon erzählte ...

Und dann hat Jacques gesagt... bla bla bla

Jacques meinte dazu...

Was will Simone von dem?

... schien sie nicht ganz bei der Sache.

Ich muss los.

Schade.

Mutter erwartet mich zum Mittagessen.

Ich machte mir Sorgen um Zaza.

Sie wirkte gehetzt und wurde immer dünner.

Während ich an der Universität neue Leute kennenlernte ...

SIND SIE SIMONE DE BEAUVOIR?

Ich habe gehört ...

... Sie waren besser als ich in der Eingangsprüfung!

... musste Zaza mit ihrer Mutter Gardinenstoffe aussuchen.

Ich unterhielt mich mit jungen Leuten über Philosophie.

Die Bäume blühten, die Sonne schien.

Zaza saß unterdessen zu Hause im Salon und bekam einen Ehekandidaten nach dem anderen vorgestellt.

Ich geh' noch ein wenig mit meinen Freunden feiern.

So, Simone, komm gut nach Hause, ja?

huff!

hi hi

Simone, wo warst du so lange?! Mutter ist dich suchen gegangen.

Ich glaube, ich weiß, wo sie hin ist...

... zur Wohnung von Jacques' Familie.

Euer Sohn hat meine Tochter entehrt!!

Komm nach Hause, Mama, es ist schon spät.

Und du hast ja bloß deinen Schlafanzug an.

Aber Jacques sollte doch Simone heiraten.

Da macht er ihr was vor, monatelang ...

Mama!

Ich werde NIE heiraten!!!

Nach dieser aufregenden Nacht passierte etwas weit Erschütternderes. Ich bekam einen Anruf von Zazas Mutter. Zaza lag im Krankenhaus mit hohem Fieber. Sie hatte einen Zusammenbruch gehabt. Sie redete wirr, war im Delirium, sie sagte immer wieder meinen Namen.

Zaza's Familie hatte von ihrer heimlichen Verlobung mit Merleau-Ponty erfahren und ihr daraufhin den Umgang mit ihm verboten. Sie hatten herausgefunden, dass er ein uneheliches Kind war und seine Familie das vertuschte. Sie drohten ihm, sein Geheimnis öffentlich zu machen.
Maurice liebte Zaza, aber er hatte keine Chance. Sie konnte sich nicht von ihrer Familie frei machen.

Zum wiederholten Mal bestimmte Zazas Familie über ihr Leben und ihre Zukunft. Sie hielt den Druck nicht mehr aus und zerbrach.

Ich fragte mich später immer wieder, ob Zazas Tod der Preis für meine Freiheit gewesen war.

Ich sah Zaza noch ein letztes Mal. Sie war wachsgelb und wachte nicht mehr auf.

René!

Ich bin bereit.

FÜR was?

René hatte ein kleines Zimmer angemietet, in dem wir ungestört für unsere Philosophieprüfungen lernen konnten.

So, Aristoteles...

Teil II:
WIE FLIEGEN

SALOPP

Hélène und ich machten uns einen Spaß daraus, ein Schauspiel in der Öffentlichkeit aufzuführen. Wir liebten es, die Leute zu irritieren.

Seit ich ein kleines Mädchen war, hatte ich von der Freiheit geträumt.

Ich konnte kaum glauben, wie leicht meine Füße waren, wenn sie über's Trottoir flogen.

Ich experimentierte. Nachts war ich eine andere Person.

Ich gab mich dem seltsamen Gefühl hin, auf verbotene Weise berührt zu werden.

Manchmal ging ich zu weit in meiner Waghalsigkeit.

Ab jetzt kümmere ich mich um sie.

René hatte die Prüfung leider nicht bestanden.

Sobald ich anfing, meine Zeit mit Sartre zu verbringen, wusste ich gar nicht mehr, womit ich vorher die Tage gefüllt hatte.

Sartre konnte sich für alles gleichermaßen begeistern.

Wir verachteten beide die bürgerlichen Hierarchien und Werte.

Für ihn war nur die konkrete Realität existent.

Von da an begann unsere nicht mehr enden wollende Konversation. Sartre war mein Gegenüber, mein geistiger Gegenpart. Wir würden uns ein Leben lang siezen und uns nie beim Vornamen rufen.

DIE FLÜGEL DER FREIHEIT

Flügel schlagend erklimmt sie den leeren Himmel.

Radikale Freiheit manifestiert sich in der Tätigkeit.

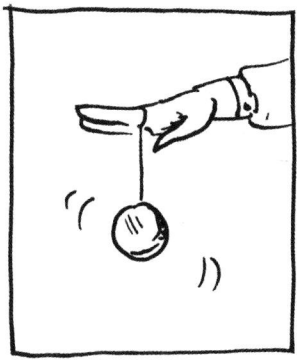

Besonders in der geistigen, da sie (fast) gegen Wiederholung gefeit ist.

Natürlich hatten auch wir unsere Probleme.

Uns waren Grenzen gesetzt.

Doch bei Kant zeigt sich die Freiheit der Taube im Flug.

Der Widerstand, den ihr die Luft entgegensetzt, ermöglicht ihr erst das Fliegen.

Wir waren frei.
Wir glaubten so sehr daran.

Panel 1: Im Sommer besuchte ich mit meiner Familie noch einmal das Landgut meines Onkels im Limousin.

Panel 2: Simone studiert jetzt Philosophie an der Sorbonne.

Panel 3: Ob sie jemals einen Mann finden wird, wenn sie sich den Kopf mit so unvernünftigem Zeug vollstopft?

Ich war auch dagegen, aber sie ist so ein Dickkopf.

Panel 4: Ich konnte diese Gespräche nicht mehr ertragen.

Panel 5: Na Mädels? Ich habe mich verlobt.

He, Madeleine.

Panel 6: Habt ihr schon gehört? Jacques steht nun auch bald vor dem Altar.

Panel 7: Françoise, mein Sohn hat sich endlich verlobt! Gott sei Dank.

Panel 8: Die neueste Eroberung soll nun endlich die Richtige sein.

Jacques, der alte Schwerenöter. Sie wissen ja, junge Männer... sie müssen sich erstmal die Hörner abstoßen.

Panel 10: Er war doch nie gut genug für dich, Simone.

Panel 11: Ich muss hier raus!

Panel 12: Ich will nichts mehr mit diesen Heuchlern zu tun haben!

Panel 13: Sagt meinen Eltern, ich treffe einen Kommilitonen.

...Einen Mann!?

...zum Lernen.

Panel 14: Sagt ihnen, es ist der, mit dem ich an einer Kritik des Marxismus arbeite.

Panel 15: Ich traf mich mit Sartre.

Ich dachte mir, es würde meine konservativen Eltern beruhigen, wenn wir sozialistische Ideen kritisierten.

46

Ich war traurig,
über den
Bruch mit René.
Aber ich hatte
Sartre.
Und es gab
genug neue
Bekannte und
Freunde, mit
denen wir
so gut wie
jeden Abend
ausgingen.

Ich liebte die Nacht.
Ich liebte die Möglichkeiten ...

... und ich liebte, wie müde ich war. Nacht für Nacht ging ich aus. Morgen um Morgen ...

... stand ich mit Augenringen vor der Klasse.

Zehnjährigen Mädchen Latein einzubläuen, war wirklich anstrengende Arbeit.

Zum Glück genügten ein paar Stunden Unterricht in der Woche, um meinen Lebensunterhalt zu verdienen.

Madame ?

?

Sie sehen aber hübsch aus heute, Madame.

...

Seit ich mein eigenes Geld verdiente, legte ich mehr Wert auf schicke Kleidung und ich schminkte mich.

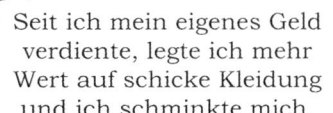

piuuuh

RUHUUHE !!!

DAS ARME LEBEN

Sartre war zum Militär eingezogen worden und verdiente dort wenig Geld. Wir aßen immer nur in einem kleinen Restaurant oder Café.

Es muss ja kein Rehragout sein.

Mhmm, Hühner-frikassee.

Mhmm, Crêpe Suzette.

le cher re

Die da drüben essen auch nicht besser.

le cher

Die gehen nur da hin, um ihr bourgeoises Selbstwertgefühl zu polieren.

Wir verachteten reiche Leute.

Die Rechnung.

Oh—

Bieber, könnten Sie mir viel-leicht...?

Sartre hatte keinen Bezug zum Geld. Oft hatte er keines, dann mussten ihm seine Freunde aushelfen. Wann immer er welches hatte, gab er es mit beiden Händen aus.

Kein Problem. Ich habe gestern meine Brosche ver-setzt.

Wenn mein Gehalt noch nicht da war, musste ich am Ende des Monats oft meinen Schmuck zum Pfand-leiher bringen.

Aber was kümmerte es uns!

Abends aß ich oft fröhlich falsche Leber-pastete aus der Dose.

Oder ich machte mir eine Tasse heiße Schokolade.

Im Winter wärmte ich mich an meinem stinkenden roten Petroleumofen.

Weder Sartre noch ich hatten Erfahrung mit physisch harter Arbeit. Wir konnten uns frei machen vom Geld, weil wir immer noch genügend davon besaßen.

Wir hatten Sympathie für die Anliegen der Arbeiter, aber keiner von uns war bisher Kommunist, bis auf unseren Studienfreund Nizan.

Die einzige Person aus der Arbeiterklasse, der ich je näher gestanden hatte, war mein altes Kindermädchen Louise.

Als Abiturientin besuchte ich sie einmal in ihrer Dachstube, nachdem sie geheiratet hatte.

Wäääh

Das kleine Zimmer war kalt und ungemütlich. Louises Baby starb bald darauf.

Sartre und ich hielten uns für frei. Frei vom Geld, frei von familiären Bindungen, frei von Abhängigkeiten.

Puh.

Unser Geist war klar, unser Wille pur ...

... unsere Ratio ungetrübt von unterdrückten Wünschen.

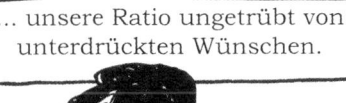

Freud hätte uns über diese Illusion aufklären können. Aber seine allgegenwärtige Sexualität machte uns beklommen.

L'ARBRE

Seit Sartre beim Militär in Tours stationiert war, sahen wir uns oft nur für ein paar Stunden am Wochenende.

Das verursachte mir manchmal vorher nie erfahrene Gefühlsregungen.

Um die Existenz ...

... zu verstehen ...

Sehen Sie, dieser Baum: ER entzieht sich den WORTEN, die ihn beschreiben und festhalten wollen.

Je länger ich diesen Baum ansehe, desto absurder kommt mir seine formlose, dunkle ...

... in die Welt quellende Masse vor, geradezu obszön in ihrem passiven einfach NUR da sein.

Oder was sehen Sie in diesem Baum,

... Bieber?

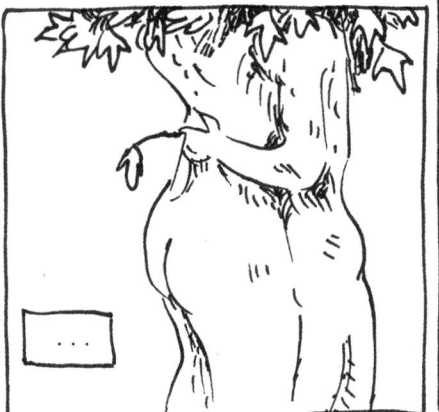

...

Ich war beinahe wütend auf meinen Körper, der ein Eigenleben zu führen schien.

schluck

Zum ersten Mal lernte ich die unerfüllte körperliche Sehnsucht kennen.

Wir ...

Oh.

... Wir hatten diesmal bisher kaum Zeit zusammen ... alleine.

24-H-HÔTEL

Sollen wir ...?

Nein!

Es war uns unangenehm, tagsüber zusammen ein Hotelzimmer zu nehmen.

Na gut.

Ausnahmsweise.

ALLEIN

Ich wusste schon lange, dass ich Schriftstellerin werden wollte. Doch mein Leben und mein Glück kamen zuerst. Ich wollte schreiben, um den Reichtum des Lebens vor dem Nichts zu retten.

Ich konnte aber auf Dauer mein sorgloses Leben in Paris nicht mehr finanzieren. Ich sah mich nach einer besseren Stelle um und bekam ein Angebot aus Marseille.

Nun, ich bin fest entschlossen, die Stelle in Le Hâvre als Lehrer anzunehmen. Und Sie?

Auch Sartre musste sich mit dem Ende seiner Militärzeit nach bezahlter Arbeit umsehen.

Ich denke, ich werde nach Marseille gehen.

Aber wenn wir in der gleichen Stadt wären, könnten wir uns jeden Tag sehen.

Lassen Sie uns heiraten, Bieber.

Dann können wir uns gemeinsam versetzen lassen.

Ich war damals keine Frauenrechtlerin.

Auf keinen Fall.

Ich betrachtete es als selbstverständlich, dass ich auf der selben Stufe stand wie ein Mann. Deshalb hätte ich es als degradierend empfunden, nur ein Zweitwesen an der Seite eines Mannes zu sein.

Sartre, ich kann nicht. Ich wäre auch gern mehr mit Ihnen zusammen. Aber ich kann das nicht mit meinen Prinzipien vereinbaren.

Und, mal ehrlich, Sartre. Sie sind auch wirklich kein Ehemann!

Marseille war mir sofort sympathisch.

Die neue Luft roch vielversprechend.

Ich mietete das erstbeste günstige Zimmer, das ich fand. Hier hatte ich erstmal Zeit allein für mich und meine Bücher, bis mein erster Arbeitstag begann.

Ich hatte schnell ein gutes Verhältnis zu meinen Schülerinnen.

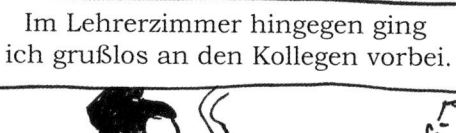

Im Lehrerzimmer hingegen ging ich grußlos an den Kollegen vorbei.

Bald schon gingen Beschwerden der Eltern bei der Schulleitung über mich ein.

In der Klasse hatten wir einen Auszug aus Dumas gelesen, in dem es um Lust ging.

Einen noch schlimmeren Faux-Pas beging ich, als ich Marx im Unterricht erwähnte.

Vernichtende Blicke durchbohrten mich.

Später las ich in den Aufsätzen der Schülerinnen die Antworten ihrer Väter.

Hier fand ich keine Freunde.

Ich merkte nach längerer Zeit wieder, wie glücklich ich sein konnte, wenn ich mit mir allein war.

Ein oder zwei Male hatte ich vielleicht Angst auf meinen einsamen Touren.

Ich stand vor einem tiefen Abgrund. Schlangen huschten durch die Gesteinsspalten.

LA PETITE RUSSE

Nach zwei Jahren trat ich eine neue Stelle in Rouen an. Das traf sich gut. Es lag nur eine Zugstunde von Paris entfernt. Und ich war näher an Sartre in Le Hâvre.

Meine neue Klasse war faul und desinteressiert.

Nur eine Schülerin interessierte mich: Olga war die Tochter russischer Flüchtlinge. Sie war ruhig, blass und starrte mich an.

Zeig mir deinen Aufsatz, Olga.

Ich hab' ihn nicht gemacht.

Warum nicht?

Ich hatte keine Lust.

Olga verabscheute einfach alles.

Ich hasse die Schule.

Die anderen Mädchen sind doch hirnlose Hühner. Was soll ich mit denen?

Ha, ha! Du amüsierst mich, Olga!

Lass mich dich auf einen Kaffee einladen.

Ich traf mich nun häufiger nach der Schule mit Olga.

...Und was sagen deine Eltern dazu?

Ich soll mich mehr in der Schule anstrengen, damit ich später Medizin studieren kann.

Aber wozu?

Wenn ich doch am Ende sowieso nur irgendeinen Schwachkopf heiraten soll.

Es gibt auch andere Möglichkeiten...

...für eine Frau, ihr Leben zu gestalten.

60

Ich will so sein wie sie !!!

Niemand sagt Ihnen, was sie tun und lassen sollen !

Ich will auch...

... frei sein !

Olga konnte richtig emotional werden, wenn sie einmal aus sich heraus ging.

Eine Sache schien Olga aus ihrer passiven Apathie herauszuholen: ihre Verehrung für mich.

Das hier musst du unbedingt lesen, Olga.

Olga erzählte mir oft im Café aus ihrem Leben.

Ich will weg aus diesem Kaff. So bald wie möglich.

Manchmal lud ich sie zu mir nach Hause ein.

Ich kann überhaupt nicht kochen.

Ich hab's früher immer gehasst, wenn die Frauen aus meiner Familie den ganzen Tag in der Küche standen.

Ich auch nicht! Nur Spaghetti.

Du hast so weiches Haar.

Ich fing an, sie immer mehr zu mögen.

So testet man, ob die Nudel schon weich ist:

Klatsch

schlurps

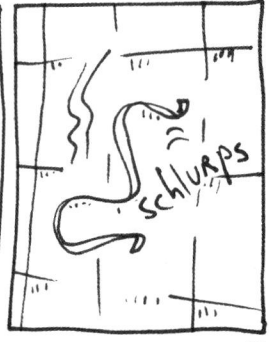

Und so kam es. Seit es Olga gab, besuchte Sartre mich noch öfter in Rouen. Mit meinen neuen Freunden waren wir hier in spaßigerer Gesellschaft als in Le Hâvre.

Mein Kollege Marco, der Opernsänger werden wollte, war im Kollegium ebenso schlecht angesehen wie ich.

Reichen Sie mir die Pfote, Liebe, verrückte Olga!

Aber das ist doch der Herr Lehrer!

Und das ist die Frau, die unsere Töchter mit zersetzendem Gedankengut verdirbt!

Patsch!

Sartre – Ich glaube, es wird Zeit, nach Paris zurückzugehen.

So war es. Es waren schon zu viele Beschwerden über mich eingegangen.

Ich bewarb mich wieder in Paris.

Was Olga angeht ...

Ich glaube, sie tut mir gut.

Wann immer ich Zeit mit ihr verbringe, verschwinden die Krustentiere um mich herum.

Wir sollten Olga mit uns nach Paris nehmen.

Daran habe ich auch schon gedacht.

Aber ihre Eltern scheinen andere Pläne mit ihr zu haben.

Andererseits verzweifeln sie an ihr. Olga ist schon durch zwei Prüfungen gerasselt.

Wenn wir Olga nur zum Lernen bringen könnten ...

Ich werde mit ihren Eltern reden.

Ich, Lehrer der Philosophie, sehe großes Potenzial in ihr!

Ich bin ehrlich interessiert an Olga.

Ich will, dass sie genauso interessiert ist an mir. Ich will ...

... dass sie mich will.

Und ... wie sieht Olga das?

räusper

Was glauben Sie?

Ich bin ganz zuversichtlich.

Nehmen Sie den Rest von meinem Schnitzel. Es ist mir zu viel.

Die Sache mit Sartre und mir war: Damit unsere offene Beziehung funktionierte, musste ich für alles, was Sartre empfand, Verständnis haben. Ich musste auf seiner Seite sein. Wir waren ja eins.

Wir hatten wohl beide eine Third Life Crisis. Wir hatten uns beide in eine 18-Jährige verguckt.

Wir sprachen bei Olgas Eltern vor und versprachen ihnen, uns um die Ausbildung ihrer Tochter zu kümmern

Endlich lebten wir wieder in Paris Montparnasse ! Wir mieteten für Olga ein Zimmer in dem Hotel, wo ich auch wohnte.

Vormittags traf ich Olga im Café Dôme und wir lasen und schrieben.

Am Nachmittag holte Sartre Olga ab und begleitete sie zu ihrem Schauspielkurs.

Abends gingen wir zu dritt aus.

Unsere Freunde fanden unser Verhalten reichlich seltsam.

Sie nannten uns nur noch:

Ah! Da kommt ja...

...das TRIO.

Meistens waren wir drei uns genug.

Olga hatte stark schwankende Launen.

Dieser Laden ist doch ätzend.

Olga! Was tust du denn da!?

Lass mich dich nach Hause bringen.

Oooh... Nein.

dring

dring

Nach selten mehr als vier Stunden Schlaf musste ich morgens meinen Unterricht abhalten.

Ich war ständig müde. Ich merkte jetzt, wie schwer das Trio mich belastete.

gäh

Sartre, ich fühl' mich nicht so gut.

hust

– Aber wir wollten doch auf Camilles Party gehen.

Uh, ja!

Ich bringe Sie nach Hause und dann gehe ich alleine. Camille wird es Ihnen nachsehen.

Auf keinen Fall!! Ich lasse mich doch nicht von einer...

Bazille unterdrücken!

Simone?

schnatter

71

hRNg!

Es war ein jugendlicher Fehler gewesen, zu glauben, zwei Menschen könnten eins sein. Ich sah jetzt ein, dass Sartre von mir verschieden war. Und das tat weh.

Nicht so schnell!

Langsam ging es mir wieder besser. Meine Freunde begleiteten mich dabei.

Der Arzt sagte, ich solle mich schonen und etwas an Gewicht zulegen.

Ich fuhr in das ereignisloseste kleine Dörfchen, das die Provence zu bieten hatte, nahm mir ein teures Hotel und verdrückte riesige Teller voll an Tagesgerichten.

Oder ich schlug mir den Bauch mit Bergen von Maronencreme voll.

73

URLAUB

Liebe Olga. Griechenland ist arm, schmutzig und viel zu heiß.

In den Gassen hängen traurige Hammelkadaver. Alles in allem ...

... gefällt es uns hier phänomenal. Morgen treffen wir Bost in Athen.

Ich habe jedoch noch nie so viele zerlumpte, kranke Kinder gesehen wie im Hafen von Piräus.

Wir sind dann doch froh, wieder aus Athen wegzukommen.

Sie können nichts für ihr Verhalten; es liegt an den Umständen.

Wir nehmen ein Schiff auf irgendeine Insel. Der Horizont ist weinfarben.

Morgens trinke ich immer eine Tasse heiße Schokolade.

Mittags ist es für uns schwierig, eine Mahlzeit zu finden...

..in der keine Fliegen schwimmen.

Auf der Insel hängen wieder tote Tiere in der Mittagssonne.

Diesmal Hühner.

Wir wollen weitere Inseln erkunden. Sartre besorgt uns eine Überfahrt auf einem kleinen Transportfrachter.

74

Wir teilen unseren Platz auf dem Schiff mit mehreren Tausend gackernden Hühnern.

Sobald das Meer sich bewegt, merke ich, dass ich nicht ..

... zur Matrosin gemacht bin.

börg

Sie lassen sich von Ihrem Körper tyrannisieren.

Sartre meint, es läge einfach an meinem fehlenden Willen.

Neue Insel, neues Glück!

Bieber, wir müssen sofort entscheiden. Wollen wir hier bleiben oder in drei Stunden mit der gleichen Fähre weiterfahren?

'Urps'

...Lieber hier bleiben.

Gut.

Sartre, Bost und ich wollen den Strand suchen am anderen Ende der Insel.

Zehn Kilometer zu Fuß, nur um die Füße nass zu machen? Nein, danke.

Ich habe das Wasser nie geliebt.

Doch hier erwärme ich mich langsam dafür.

Am Abend habe ich einen horrenden Sonnenbrand.

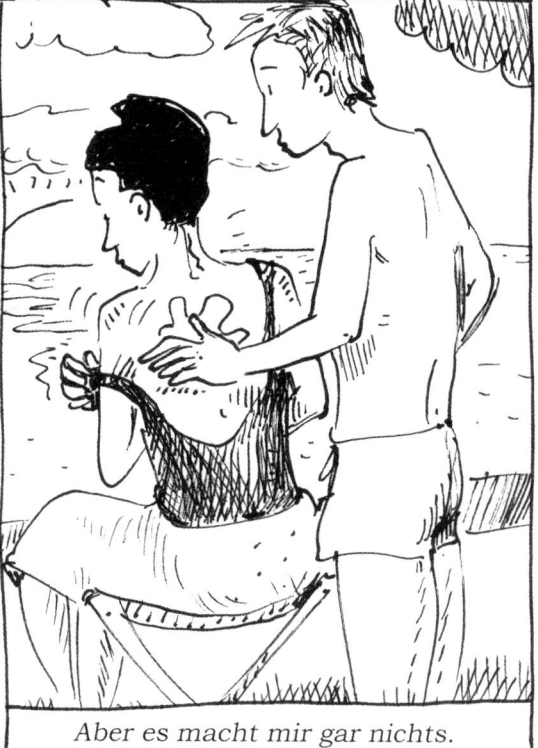

Aber es macht mir gar nichts.

Die Herbergseltern erlauben uns, für einen günstigen Preis auf der Dachterrasse zu schlafen. Den harten Beton im Rücken, fühle ich mich pudelwohl.

Als ich letzte Nacht den dicken, roten Mond aufgehen sah, hat sich mein Herz zusammengezogen.

Manchmal glaube ich, es müsste vor Freude platzen.

Liebste Grüße auch von Sartre, ...

... und von Bost natürlich.

1938

Sartre und ich schrieben am liebsten im Café.

Er korrigierte immer meine Manuskripte, und ich las jeden seiner Texte als Erste.

Und, was meinen Sie?

Hm...

Ich denke...

Sie haben interessante Ideen. Aber die Figuren...

Die sind einfach langweilig.

Ich war wohl nicht ehrlich. Ich... habe mich an Klischees bedient, statt die Wahrheit zu sagen.

So schlimm ist es auch nicht. Der Anfang ist doch gut.

Aber diese Genevièves und Elisabeths, die nehme ich Ihnen nicht ab.

Sie selbst sind doch viel interessanter. Warum schreiben Sie nicht stattdessen über sich?

Ah. Würde es Ihnen denn etwas ausmachen, wenn ich unser gemeinsames Leben in meinem nächsten Roman verwende?

Keineswegs!

Sie...

ich...

Natürlich!

... die Menschen um uns herum.

Natürlich in verschlüsselter Form.

Und so schrieb ich meinen ersten Roman, der veröffentlicht werden sollte: »L'Invite«.

F ist eine Autorin und Regisseurin in Paris. Sie lebt in einer offenen ...

... Beziehung mit P, ebenfalls Theaterregisseur.

Das Paar nimmt ein junges Mädchen vom Land unter ihre Fittiche, X.

X hat oft unglückliche Stimmungen. Sie ist sehr launisch.

F und P glauben, es könnte ihr helfen, eine Form des Ausdrucks für sich zu finden.

Oder wie wäre es mit der Schauspielerei?

Sie führen X in die Pariser Theaterkreise ein.

Im Grunde aber ist es die Gegenwart der jeweiligen anderen beiden, die alle drei glücklich macht. Sie streifen zusammen durch das Pariser Nachtleben.

Die drei merken, dass sie sich lieben, und sie beschließen, ihre Liebe zu dritt zu leben.

Ihre Beziehung soll frei bleiben und ohne Pflicht.

Eines Abends geht X mit dem jungen G nach Hause.

P ärgert sich sehr und versucht nicht, dies vor F zu verstecken. Er hatte erwartet, bald mit X intim zu werden. Jetzt ist G ihm zuvorgekommen.

F realisiert, dass es ihr schon seit Längerem nicht mehr gut geht. Sie hat sich verloren in den Augen ›der Anderen‹.

Ihre Freiheit ist bedroht.

Sie ist zunehmend müde und erschöpft und ...

... sie fängt sich eine Lungenentzündung ein. P ist reuig.

›Jetzt wird wieder alles wie früher. Sie und ich an erster Stelle.‹

Um wieder zu Kräften zu kommen, fährt F in die Berge.

Der junge G begleitet sie auf ihrer Wanderung.

Eines Abends müssen sie sich ihr Bett in einem Heuschober machen.

pust

Ich...

Ich wollte Ihnen etwas sagen.

Was denn?

Nein, lieber doch nicht.

Dann sage ich es eben:

Ich wollte Sie küssen, seitdem ich Sie das erste Mal getroffen habe.

Wirklich?

Oooh ...

F fühlt sich befreit nach ihrem Erlebnis mit G.

Als sie nach Hause kommt, fängt P wieder an, dauernd von X zu reden.

F will nicht mehr so leben.

bla

X...

Sie dreht in X'ens Wohnung den Gashahn auf, als diese schläft. ›Sie oder ich.‹ F begeht einen Mord als Akt der Befreiung ... Ende.

1939

Dann zerbrach die Welt, die ich gekannt hatte.

Nachdem Hitler in Polen einge-fallen war, trat Frankreich offiziell aufseiten der Alliierten in den Krieg ein.

Mir konnte das doch nicht pas-sieren. Mir doch nicht! Krieg!

Es gab noch keine Kampfhandlungen, aber Sartre und Bost wurden sofort eingezogen.

Überall standen ratlos Frauen herum, die auf die neueste Zeitung warteten.

Ich ging zu meinem Arbeits-platz am Gymna-sium.

Was passiert jetzt?

Erstmal gar nichts. Die Schule ist bis auf weiteres geschlossen. Gehen Sie nach Hause.

Vorher passte die Direktorin mir noch eigenhändig meine Gasmaske an.

Pardon, Madame?

Wir schließen heute schon mittags.

Die Zeit verging zu lang-sam. Ich war froh um jede halbe Stunde, die ich mit einem Gang zur Post herumbrachte.

Sartre sagt, er hätte mehr Angst vor Langeweile als vor Gefechten.

Was schreibt Bost?

Er hat es nicht gut erwischt. Er ist bei der Infanterie, sprich, Kanonen-futter.

Wenn Bost nun nicht mehr wiederkäme,... dann hätte ich auch keine Tränen mehr übrig

Olga!! Wie kannst du sowas nur—

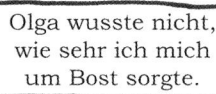

... Aber ich bin geschickt.

Ich will meinen MANN besuchen.

Das ist kein legitimer GRUND. Soldaten dürfen nicht besucht werden.

Ich habe eine kranke Schwester. Ich muss nach Nancy.

Na gut.

stomp

Habe Grippe. Ich kann nicht zur Arbeit kommen.

hüst!

Nun brauchte ich nur noch ein ärztliches Attest für die Arbeit.

Die Temperatur ist normal. Ich kann nicht feststellen, wo es bei Ihnen hergeht liegt.

Uhü! Uhü!

im Argen

AHA! Kalte Füße. Das wird es sein. Ein typisch weibliches Problem.

Und ich war auf dem Weg nach Nancy. Der Arzt erzählte mir noch, dass die Afrikaner sofort Magenkrämpfe bekämen, wenn sie morgens den nackten Fuß ins feuchte Gras setzten.

Eskimos hingegen würden kalte Füße kaum Probleme verursachen.

Kranke Schwester!

Ich hatte nicht bedacht, dass ich auf dem Land auffallen würde mit meinen Ohrringen und dem gelben Turban.

Das Letzte, was ich hier brauchen konnte, war ein Aufruhr während ich auf Sartre wartete.

Naaa?

Geben Sie's zu!

Ich warte auf jemanden.

Sie sind hier nicht zum Kämpfen hergekommen!

...Wollen Sie meinen Knüppel halten?

Panel 1: Verlobte!

Panel 2: ha ha!

Panel 3: Sehen Sie, der Mond!

Panel 4: Kommen Sie. Nach der Sperrstunde dürfen wir nicht mehr hier draußen sein.

Panel 5: bla bla — Kunst ohne Malerei, Musik ohne Töne — ...Warum nicht auch ein Krieg ohne Kämpfe?

Panel 6: Sartre glaubt, dass es keinen heißen Krieg geben wird. Ich küsse dich. Im April werde ich ganz heimlich bei dir herein- schneien. Pass bis dahin gut auf dich auf, mein Liebster.

Bottom text box: Im Mai 1940 brach doch der heiße Krieg über Frankreich herein. Die Deutschen waren in Belgien einmar- schiert und konnten ab nun jeden Tag in Paris ankommen. Viele flüchteten auf Heuwägen und in Autokolonnen aus der Stadt hinaus.

86

Man hörte, die Deutschen würden sogar 12-Jährigen die Hände abhacken.

Ich schloss mich einem größeren Flüchtlingskonvoi nach Laval an. Dort waren die Cafes schon geschlossen, weil die Flüchtenden vor uns alle Vorräte aufgegessen hatten.

Wir waren in die falsche Richtung geflüchtet. Die deutsche Armee hatte einen Bogen um Paris geschlagen und auf einmal waren sie da:

Hier kamen sie, die Bôches. Blond, rotgesichtig und mit nichtssagenden Augen.

Gleich fingen sie an, Propaganda unter den Einheimischen zu betreiben.

Fräulein, die Franzosen und wir Deutschen sind doch Brudervölker. Die Russen und die Juden sind das Problem.

Schoki?

Für's Erste war niemandem eine Hand abgehackt worden. Ich konnte somit wieder heimfahren.

Zurück in Paris, sah ich auf der Terrasse der Brasserie Dumesnil zufällig meinen Vater sitzen, der die Zeitung las.

Papa?

Ich hätte niemals gedacht, dass die Redaktion von ›Le Matin‹ aus solchen Verrätern bestehen könnte!

Die Deutschen unsere Freunde

... So einen Schwachsinn schreiben die!

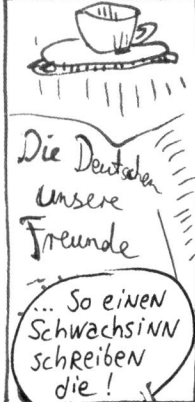

Das war doch immer eine gute, patriotische Zeitung!

Die Presse kollaborierte sofort mit den Deutschen. Niemand schrieb mehr Abweichendes.

Einmal waren mein Vater und ich beinahe einer Meinung. Er hasste die Deutschen, weil sie »Bôches« waren. Ich hasste nur die Faschisten. Wir mussten diese subtile Differenzierung diesmal nicht zwischen uns kommen lassen.

Paris war eingenommen. Deutsche Soldaten waren nun überall. Sie waren höflich und gut genährt. Sie trugen rote Rosen am grauen Revers.

Entschuldigen Sie, Madame?

... Ihr Stift?

Der stürmische graue Himmel und die gesprengten Brücken über der Seine wirkten erdrückend.

Oh nein!

Ich habe alle Ihre Sachen rausgeworfen. Ich dachte, Sie kämen nicht mehr wieder.

Macht nichts.

Seufz.

»Der Krieg ist ein vier Jahre andauerndes Warten, dann und wann von sinnlosen Massakern unterbrochen«, sagte Pierrefeu über den letzten Weltkrieg. Was für eine Wüste.

Meine Männer verschwunden aus meinem Leben!

Mein lieber
Sartre.
Der Krieg ist
Warten und
Stagnation.

Trotzdem habe ich eine neue Bekannt-
schaft gemacht. Sie werden sie hin-
reißend finden. Sie ist jung, groß,
schön, voller Energie, und vor allem:

... ohne jeden Benimm. Sie erzählt
mir, sie habe in ihrer Jugend
säckeweise Krams aus den
Edelkaufhäusern geklaut.

Im Moment ›repariert‹ sie Fahrräder.

Zaroukine,
wo hast
du all die
Fahrräder
her?

Gefunden.
He, he.

Ich lerne Rad-
fahren. Ich mache
Fortschritte.

Sehr
gut, meine
Schöne
!

Zaroukine ist so frech, dass sogar
ich mich manchmal in Gesellschaft für sie schäme.

pööööt

Sie hat mich neulich zu einem Abend-
essen bei einem Bildhauer und seinen
Künstlerfreunden mitgenommen. Sie fin-
det ihn langweilig. Sie geht nur hin,
weil sie andauernd Hunger hat.

haps

He, he! Wie
ein wildes
Tier!

mampf

Ich hingegen fand
Giacometti sehr geistreich.

Wie ich erwähnte,
Pablo, versuche ich,
mich der Auflösung
im Raum entgegen-
zustemmen...

Sieh mal, Dora,
Simone hat uns Granat-
äpfel mitgebracht.

Was für ein
prächtiger Kontrast
zum blauen Tisch-
tuch!

Ein Telegramm ist für Sie angekommen.

Bieber, was für ein Streich! Haben uns freiwillig als Krankenpfleger ins Lazarett gemeldet, sind nun raus aus dem Gefangenenlager!

Ich kam an dem Abend zu spät zu Camilles Premiere. Anschließend feierten wir mit Ersatzkaviar vom Schwarzmarkt.

Am nächsten Tag traf ich Camille und Dullin, um den beiden zu ihrem neuen Theaterstück zu gratulieren.

Ich habe einen Entschluss gefasst. Ich bekenne mich hiermit zum Faschismus.

Der Faschismus ist eine Bewegung der Stärke und es sieht so aus, als ob er gewinnen wird.

— Warum also dagegen ankämpfen?

Wie kann ein vernünftiger Mensch bloß so reden wie du? Siehst du denn nicht, wie sie mit den Juden umgehen? — Und das ist erst der Anfang!

Die Juden haben lange genug das Theater dominiert. Nun sind wir eben mal dran.

Ich habe keinen Appetit mehr.

Mit Übelkeit im Magen ging ich nach Hause.

Ich sah mir oft die Fotos der Hingerichteten am Metroeingang an. Als Erste kamen die Kommunisten und die Juden dran.

Mir war klar, dass ich mich mitschuldig machte, allein indem ich noch atmete.

JUDEN VERBREITE KEIME! HALTET ABSTAND!

Ich hatte einen Kummer, dessen wahres Ausmaß ich mit kaum jemandem teilen konnte.
Bost war angeschossen worden.

Nach langen Monaten des Wartens kam endlich ein Telegramm.

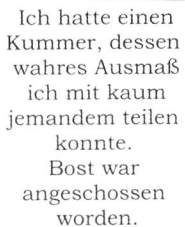

Bin Invalide.

Darf nun nach Hause.

Ich hab' mir solche Sorgen gemacht!

Jetzt ist der Krieg erstmal vorbei für mich.

Ich kann fast von Glück sagen, dass ich einen Granatsplitter in den Bauch gekriegt habe.

Hast du alle meine Briefe bekommen?

Wir haben ein paar neue Bekanntschaften in unserem Kreis.

Ich möchte dich allen vorstellen, jetzt wo du wieder da bist.

Wenn Sartre auch endlich freikommt, ist unsere kleine Familie wieder komplett.

Ja, von Zaroukine hast du mir ausreichend viel geschrieben.

Bist du eifersüchtig?

In letzter Zeit scheinst du es beinah amüsant zu finden, mit Menschen zu spielen.

Wir sind alle freie Menschen. Wir entscheiden selbst, auf was wir uns einlassen.

Die Zaroukine ist doch ein Schulmädchen. Sie wird dich anhimmeln, vermute ich.

Bist du denn offen zu ihr? Hast du ihr etwa von dir und mir erzählt?

Na, ja, ... ich wollte sie doch nur bewahren ...

Wie kann jemand sich frei entscheiden,

... wenn er die Wahrheit nicht kennt?

93

Aber ich hatte nicht erwartet, dass er mit so einer in Stein gemeißelten Moral zurückkommen würde.

WIR HABEN die Pflicht, UNS politisch zu positionieren.

Sartre, Sie haben das Wort >Pflicht< doch immer gehasst!

Ich kam ohnehin langsam zu der Ansicht, dass Männer eine stärkere Neigung zu großen Gedankengebäuden hatten; den Wunsch, die eine, alles vereinende Theorie in Granit zu meißeln.

Daher sah ich mich weniger als Philosophin. Ich war einfach Schriftstellerin und Intellektuelle.

Wir trafen uns erst einmal mit allen unseren Freunden und Bekannten, damit Sartre sich wieder an das zivile Leben gewöhnen konnte.

Sie müssen Zaroukine sein.

Ich mag Sie Nicht.

Ich habe mir vorhin überlegt, Sie mit einer Gabel zu erstechen.

Sie sind tatsächlich amüsant.

Ich mag ehrliche Charaktere.

Zaroukine und Sartre wurden schnell Freunde.

Sartre mietete ein Zimmer in meinem Stockwerk. So konnten wir uns jederzeit besuchen.

Kommen Sie rein. Ich habe eben meinen Essay beendet.

L'AUTRE

Das heißt: Unser politisches Streben soll dahin gehen, die Voraussetzungen für die Freiheit aller zu verbessern.

Sartre und ich hatten eines gemeinsam: Wir wünschten uns eine Gesellschaft, die sich zur Freiheit hin entwickeln durfte.

Ich bin zurückgekommen, um zu handeln.

Das Individuum wirkt auf die Welt ein, ob es etwas tut oder nicht. Und wir haben uns entschlossen, etwas zu tun.

Ich schlage hiermit als Namen für unsere kleine Widerstandsgruppe vor:

Wir standen vor einem schwierigen Vorhaben: Wir wollten Sozialismus und individuelle Freiheit verbinden. Wir hatten zwar nach dem Hitler-Stalin-Pakt kein Vertrauen mehr in die Sowjetunion als Vorreiter der Weltrevolution.

» Socialisme & Liberté «

Aber wir hielten die Befreiung der Arbeiterklasse für essenziell auf dem Weg zu einer offeneren Gesellschaft.

Im Moment sah es so aus, als ob die Faschisten den Krieg gewinnen könnten.

Was können wir tun?

In dem Fall war unser Widerstand notwendig.

...Attentate auf alle Kollaborateure der Nazis?

Wenn aber unsere gegenteiligen Hoffnungen in Erfüllung gingen, dann brauchte ein befreites Nachkriegsfrankreich ein politisches Programm.

Wir sind keine Soldaten. Wir arbeiten mit Sprache.

Wie wär's mit Flugblättern?

Nach nur ein paar Treffen erfuhren wir, dass die Polizei eine ähnliche Gruppe wie unsere ausgehoben hatte. Alle Mitglieder waren ins Lager deportiert worden.

Sollen wir hier weiterhin unsere Freunde gefährden? Wir wissen ja nicht mal, ob es etwas bringt.

Nach diesem fehlgeschlagenen Experiment begnügten wir uns mit dem, was wir tun konnten: schreiben.

Ende 1943 wurde das Leben härter. Kohlen waren knapp, so wie Lebensmittel.

Wir mussten sparen. Im Winter trug ich meine Skihosen, um nicht so sehr zu frieren.

Ich schminkte mich kaum mehr und es gab kein warmes Wasser, um die Haare zu waschen. Ich hatte eine Zahnlücke von einem Fahrradunfall.

Viele Frauen trugen nun Hosen.

Der Krieg brachte ein Gutes mit sich: Konventionen lösten sich auf. Die Gesellschaft wurde weniger starr.

Jetzt, wo meine kleine Familie wieder vereint war, war ich endlich optimistisch.

Sartres Stück »Die Fliegen« hatte Premiere: ein leidenschaftlicher Ruf nach Freiheit.

bravo bravo bravo

Und: Mein Roman über das Trio sollte gedruckt werden!

Ein fantastischer Text.

Sartre hatte mich seinem Verleger Paulhan empfohlen.

Würde es Ihnen etwas ausmachen, das Buch noch einmal komplett zu überarbeiten?

Ja, schon. Ich habe schließlich vier Jahre daran geschrieben.

Na gut, dann veröffentlichen wir es eben so.

Dann war es soweit. »Sie kam und blieb« kam heraus. Olga mochte mein Buch nicht so gerne, aber es fand auch wohlwollende Leser.

Pardon! Sind Sie nicht ...

... die Autorin von »Sie kam und blieb«? Ich habe Ihr Buch verschlungen!

Darf ich Ihnen eine englische Zigarette anbieten?

Manche wollten meinen Erfolg kleinreden.

Hm....

Sie hatten Glück mit dem Thema.

Sehr populär, diese Bettgeschichten.

Den Neid nahm ich ebenso als Kompliment.

Die Kritiker behaupteten, meine Figuren bewegten sich in einem verdorbenen Milieu.

Madame?

Sind Sie Simone de Beauvoir? Ich dachte ...

... wir könnten doch mal alleine etwas unternehmen?

Äh...

... Sie müssen mein Buch wohl missverstanden haben.

Bieber, das ist GRENIER. Er ist Verleger.

Er will demnächst eine Sammlung von Aufsätzen herausgeben über ...

L'EXISTENCIALISME.

Sind Sie auch eine Vertreterin dieser neuen Richtung?

Möchten Sie ebenfalls einen Essay über Ihre Philosophie beisteuern?

...

Ich war von dieser Frage gleichzeitig geschmeichelt und irritiert.

Ich sehe mich weniger als Philosophin ...

... denn als Schreibende.

Meine Ideen sind kein Teil eines festen Systems. Sie sind einfach nur, was ich für wahr halte.

Tun Sie's einfach!

Also schrieb ich einen Essay über eine mögliche Ethik des ›Existenzialismus‹. So wurde unser Nachdenken über die Freiheit und das Sein nun überall genannt.

Wir sind zur Freiheit verurteilt, wie Sartre sagt. Wir sind aber nicht allein darin, sage ich. Wir sind gerade erst Mensch durch die Beziehungen, die wir zu anderen pflegen.

Wo ist Zaroukine?

Wahrschein-lich bei Bourla. Sie ist ganz vernarrt in ihn.

Sie haben Bourla verhaftet!

Zaroukines Freund Bourla war Jude. Er zählte zu jenen sorglosen jungen Leuten, die sich nicht einschüchtern ließen und die nie den Judenstern trugen.

Zaroukine, wir finden heraus, wo er ist.

Bourla und sein Vater waren von einer geldgierigen Französin an die Deutschen verraten worden. Die beiden wurden frühmorgens in ein Lager vor Paris gebracht.

Da ist Bourla!

Wochen später wartete Zaroukine immer noch auf Bourlas Freilassung. Er war längst auf dem Weg nach Ausschwitz in den Tod.

Am 25. August 1944 wurde Paris befreit. Zu spät für Bourla.

So endete der Krieg.

Teil III:
ZUSAMMEN

Der Frühling war da.

Zaroukine fand Trost bei einem jungen GI und ging mit ihm nach Hollywood.

Meine Schwester zog mit ihrem Mann nach Portugal. Sie arbeitete fleißig an der Entstehung einer neuen Bildsprache.

Der Rest meiner kleinen Familie blieb zusammen in Paris.

Mein Vater war gestorben. Meine Mutter war am Boden zerstört. Sie war nun mittellos.

Ich mietete ihr eine Wohunng und sie suchte sich Arbeit als Sekretärin.

Weißt du Simone, vielleicht hast du doch die Richtige Wahl getroffen.

Es ist gar Nicht so unangenehm, ein eigenes Leben zu führen.

IRgendwann leRNE ich auch Noch FahrradfahReN!

Meine Mutter schien aufzublühen nach dem ersten Schock.

In mir reifte eine neue Idee.

Ich wollte über Frauen und ihre Situation recherchieren. Ich verbrachte viel Zeit in der Bibliothek.

Es wurde immer schwieriger, im Café zu schreiben.

Oh! Sind Sie nicht... Sartre, der ERfinder des Existenzialismus?

Und dass muss Ihre SchülerIN sein, die reizende Mlle de BeauvoiR.

klick klick

Für Sartre war es schlimmer. Er war um einiges bekannter als ich.

LES DEUX MAGOTS

Er hielt es in Paris nicht mehr aus und zog zu seiner Mutter an den Stadtrand.

Salut, Maman.

MeiN JuNge.

104

Als Sartre eine Einladung in die USA erhielt, ergriff er die Gelegenheit, für eine Weile aus Paris zu flüchten.

Die Menschen sind phantastisch! das System furchtbar.

Sartre war begeistert von der Ostküste. In seinen Briefen erfuhr ich auch von Dolores.

Zum Glück hatte ich damals keine Ahnung, welche Ausmaße seine amerikanische Leidenschaft schnell annahm.

Lass uns heiraten, Dolores!

Seit 20 Jahren hatte ich ein zwiespältiges Verhältnis zu Nordamerika. Einerseits liebten ich und meine Freunde die amerikanische Kultur; besonders der frei mäandernde Jazz hatte es uns angetan.

Gangster- und Cowboyfilme übten eine glitzernde Faszination auf uns aus.

Knuff - Paff - bum

Andererseits waren die USA ja kapitalistisch ...

... und Sartre und ich wollten lieber die UdSSR als Zentrum der Weltrevolution sehen, ...

Hm.

... Gut gemeint.

... als Quelle eines neuen Menschenbildes.

Doch viele der Bücher und Filme, die aus der Sowjetunion kamen, ließen uns seltsam kalt.

CINE

Zu sehr machten sie sich Mühe, uns überzeugen zu wollen.

Ich träumte von Gangstern in Chicago, von Neonzeichen in New York, ...

... von Jazz-Spelunken in Harlem.

Und nun ...

THE NEW YORKER

... War ich selbst auf dem Weg über den großen Teich.

Stadtgespräch

Dies ist sicherlich die hübscheste Existenzialistin, die ihr je gesehen habt.

Madam B. says: "I love negro Jazz and long walks!"

Miss de Beauvoir erscheint uns außerdem bescheiden und fleißig. Im Interview erzählt sie uns, sie schreibe im Moment an einem **sehr** *ernsten Buch über Frauen.*

Meine erste Station in Amerika war New York. Hier war meine Basis; von hier aus würde ich umherreisen und Vorträge an verschiedenen Universitäten halten.

Ich wunderte mich über die Amerikanerinnen. Ich hatte sie mir recht selbstständig vorgestellt. Sie schienen sich aber sehr unbequem zu kleiden, um den Männern zu gefallen.

Ich lernte das liebenswerte Paar Ellen und Richard Wright kennen, denen mich Freunde empfohlen hatten. Sie nahmen mich bei sich auf.

Simone!

Ich fühlte mich gleich zu Hause bei ihnen. Ich war wie ein Familienmitglied.

Komm, Simone. Wir sind gleich auf einen Empfang eingeladen!

Ellen muss immer die Taxis rufen. Bei mir halten sie nicht an, weil ich schwarz bin.

Richard war Autor. Er thematisierte in seinen Büchern die Situation der Schwarzen. Ähnlich wollte ich in meiner Forschung über die Frauen vorgehen.

Auf dem Empfang ...

Ich habe gehört, Sie halten Vorträge über an Universitäten über weibliche Autoren der Literaturgeschichte?

Ja, ich war schon in PRINCETON, Yale, Oberlin... Ich werde noch die Westküste bereisen.

Und, was halten Sie soweit von uns Amerikanern?

Nun... Was für eine Selbstsicherheit! Sie sind...

...immer überzeugt, dass sie Recht haben.

Und mit dem übertriebenen amerikanischen Patriotismus hätte nicht einmal ein Chauvinist aus der Generation meines Vaters mithalten können.

Ja, ich habe es schwer hier als Linke. Immer muss ich mich verteidigen, dass ich links bin, WEIL ich mein Land liebe.

Sie halten mich sofort für eine russische Spionin.

Der Hass auf das System der Sowjetunion erscheint mir paranoid. Ich habe schon Liberale sagen hören: »Warum nicht vorsorglich eine Atombombe auf Moskau werfen?«

Wo soll das denn hinführen?!

Tja. Wir scheinen zu glauben, dass wir die Freiheit mit Feuer und Gewalt schützen können.

Oft hatte ich im Gespräch mit Amerikanern das fruchtlose Gefühl, einen Schizoiden überzeugen zu wollen. Doch es gab Ausnahmen!

Aber: Ich habe hier schon wundervolle Menschen kennengelernt!

APROPOS...

Ich hätte ja nie gedacht...

...dass ich mich in eine andere Stadt als Paris verlieben könnte.

... Sie sollten unbedingt meinen Freund Nelson treffen, wenn sie nach Chicago kommen.

Der Schriftsteller Nelson Algren lebte in Chicago in einer Bruchbude neben einer Müllhalde, über der die Dampfschwaden schwebten und wo das Altpapier durch die Luft wirbelte.

Mögen Sie Pizza?

Ich weiß nicht. Aber ich bin froh, mal vom Dollar mief der großen Hotels wegzukommen.

Ich kenne den Pizzabäcker noch aus dem Gefängnis.

Warum waren Sie im Gefängnis?

Nun, ich wollte unbedingt schreiben...

...also habe ich damals meine erste Schreibmaschine geklaut.

Ich mochte Pizza.

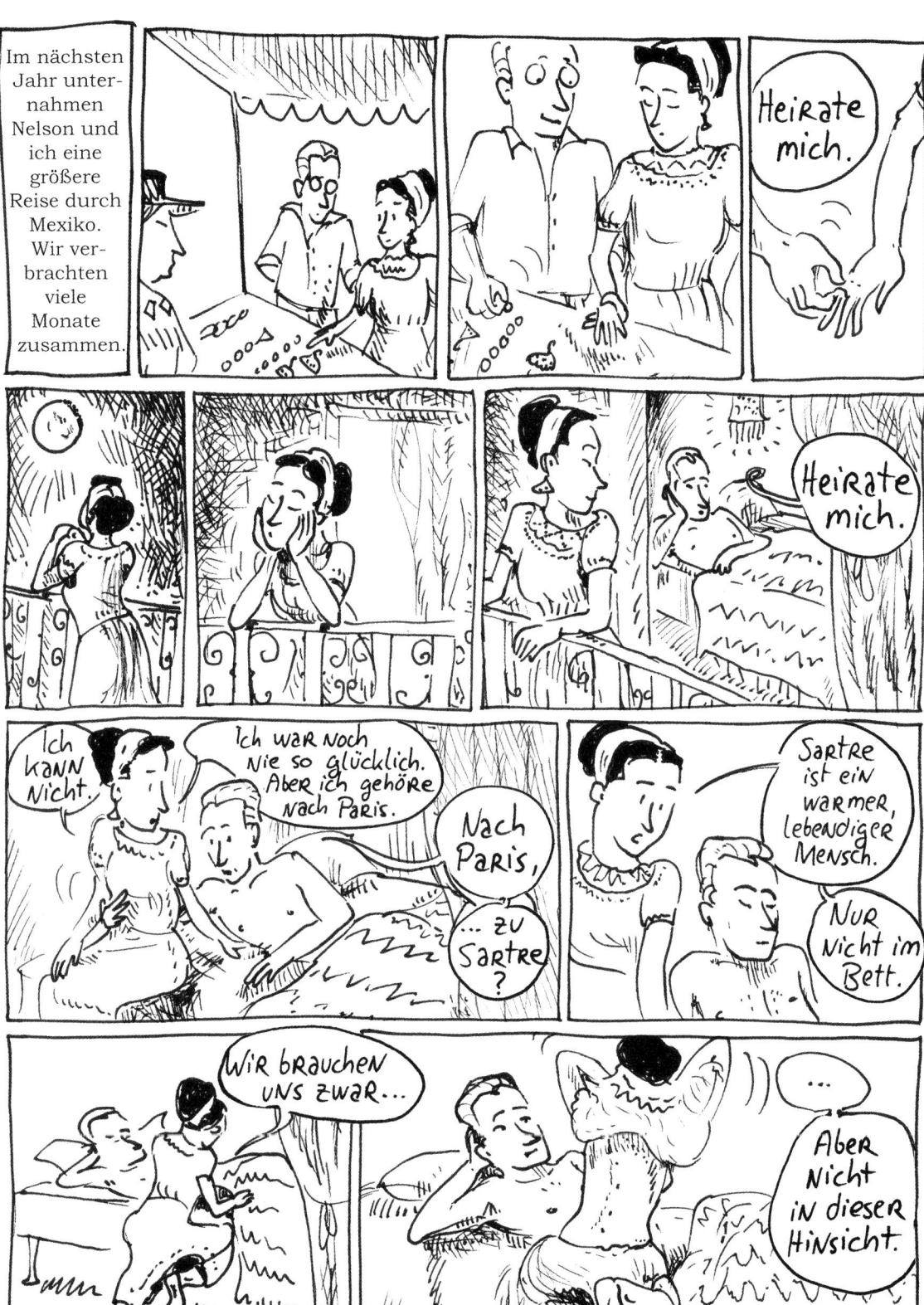

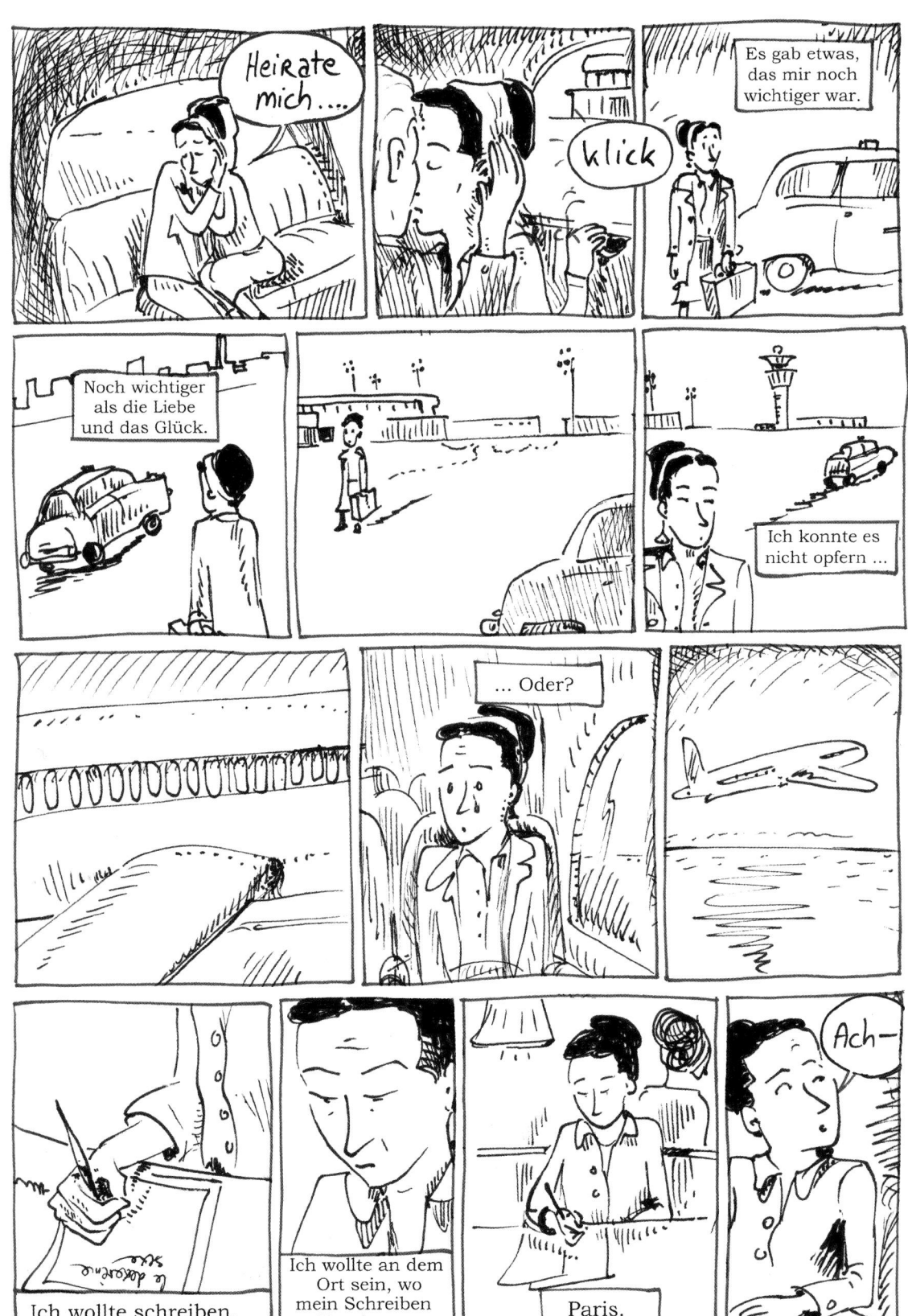

110

111

Ich beschrieb die körperlichen Gegebenheiten, die den Frauen eigen sind und über die kaum gesprochen wurde, beispielsweise die Periode.

Ich schrieb darüber, wie Erziehung, Kultur und Literatur die Frau formen, ...

Das gehört sich nicht!

... bis sie selbst überzeugt ist, dem ›schwachen Geschlecht‹ anzugehören.

Ich beschrieb auch, wie die Hochzeitsnacht für ein unaufgeklärtes junges Mädchen zu einem traumatischen Erlebnis werden kann, statt zu sexuellen Freuden zu führen.

Ich bekam viele persönliche Briefe, vor allem Reaktionen von erbosten Lesern.
Sie ekelten sich vor den sexuellen Themen; nahmen das als Anlass, selbst ekelhaft zu werden.

»Du Lesbierin, ich mach's dir feste, damit du endlich warm wirst, du frigide Hexe!«

Anstatt Klowände zu beschmieren, schickten diese Leute ihre Ergüsse lieber an mich.

Fast immer war die Kritik persönlich, nur selten ging man inhaltlich auf meine Argumente ein.

Doch es gab Menschen, denen mein Buch zu helfen schien. Einige Frauen mittleren Alters schrieben mir. Sie hatten erwachsene Kinder, sie fühlten sich ihrem Ehemann entfremdet, von dem sie aber wirtschaftlich abhängig waren. Sie hatten keine Berufsausbildung. Niemand brauchte sie mehr.

»Ich bin irrellevant ...«

»... unsichtbar ...«

»... so allein ...«

»Jetzt weiß ich, dass es vielen so geht wie mir! Ich dachte, es sei meine eigene Schuld.«

Mir war bewusst, dass ich die Situation der Frauen nicht mit ein paar Buchstaben ändern können würde. Aber ich konnte ihnen eine Stimme geben.

Immer sonntagnachmittags traf ich alte und neue Freunde in der Redaktion von »Les Temps Modernes«, unserer Zeitung. Wir tranken Schnaps und das kleine Zimmer war bald zugeraucht.

Wir hatten große Hoffnungen, seit der Krieg vorbei war. Der Faschismus war gescheitert, und wir Fortschrittlichen wollten mit großem Schwung zusammen eine neue Gesellschaft entwerfen.

Punkt 1 auf der Tagesordnung: Kritik und Leserbriefe zur letzten Ausgabe.

Schauen wir mal...

Oha, mal wieder ein Liebesbrief an Sartre: »Sie degenerierter, Jugendverderbender Schmierfink!«

Sartre wurde oft angefeindet. Das brachte der Ruhm mit sich.

Ha ha, ich freue mich doch immer, wenn die Konservativen von mir provoziert sind.

Weiter im Text: Die kommunistische Zeitung L'Humanité schreibt: »Der Miserabilist Sartre zeigt mal wieder, dass er nur Nichts und Verzweiflung predigen kann.«

Die Ablehnung der Linken verletzte ihn jedoch.

Die missverstehen mich...

Punkt 2: Sollen wir weitere Auszüge aus dem »anderen Geschlecht« abdrucken?

Der erste Teil hat ja schon einen ziemlichen Aufruhr verursacht.

Aber warum musstest du auch so explizit werden?

Camus war auch einer von jenen, die angeekelt waren von den sexuellen Themen in meinem Werk.

Er fühlte sich als Mann angegriffen von meinen Thesen.

Du hast mit deinem Buch die französischen Männer lächerlich gemacht!

Dafür hat sich die entsprechende Ausgabe der Temps Modernes so gut wie noch nie verkauft.

Die Leute rissen uns die »Temps Modernes« mit den Passagen aus meinem Buch aus den Händen.

Na dann!

Seit dem Skandal um »Das andere Geschlecht« bekam ich nun genauso viel Hasspost wie Sartre.

Früher hatte ich vor allem in Verruf gestanden, Sartres Freundin zu sein.

Jetzt eckte ich auf eigene Faust an.

SCHATTEN UND LICHT

Hier ein Auszug aus dem zweiten Teil meines Buches über die Situation der Frau:

Auf meinen Reisen durch Nordafrika kam ich in ein kleines tunesisches Dorf aus Lehmhäusern.

Ich besuchte dort das dunkle Heim von drei Frauen.

Eine alte Einäugige kochte am Herd.

Eine verbraucht aussehende Mutter stillte ihr Kind.

Eine junge Schöne saß am Webstuhl.

Ihre Schönheit würde bald zerstört sein.

Madame?

Die Zukunft sah nur Verfall für sie vor ...

... in dieser dunklen Höhle.

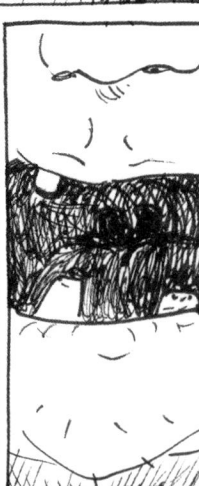

... Vegetierend,
alternd ...

Ich flüchtete hinaus, ans
Sonnenlicht.

Da kam gerade der Herr
des Hauses zurück.

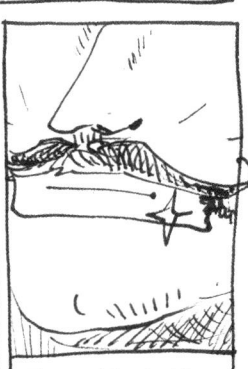

Er strahlte in blen-
dendem Weiß.

Er war
im Licht.
Er war in
der Welt.

HUFF.

Die Frauen blieben drinnen, in
der Erde, im Uterus, im Grab.

Das war mein Eindruck.

Berühmt sein hatte seine Vor- und Nachteile.

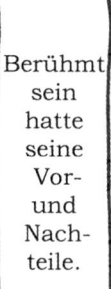

Ein Vorteil war, dass ich die Mittel zum Reisen hatte. Ich liebte Reisen!

Dazu wurde ich auch noch eingeladen. Sarte und ich folgten einer Einladung der Universität Tokio.

Pöh... Uns empfängt wohl keiner.

Wir kamen an mit einer Delegation von Diplomaten.

Was für ein Empfang! Uns war bis dahin nicht bewusst gewesen, dass all unsere Bücher ins Japanische übersetzt waren.

Wir mussten auf den Knien sitzen, was recht unbequem war.

Der Direktor der Universität hält nun einen Toast auf Sie.

いただきます

Die Geisha, die beim Empfangsdinner neben Sartre platziert war, sprach perfekt Französisch und hatte sein Buch »Der Ekel« gelesen.

Und jetzt kommt das Essen.

Sartre kämpfte sich tapfer durch Platten voller Meeresfrüchte und machte heiter Konversation.

Nach dem Dinner ...

Sartre war hart im Nehmen. Er hielt alle seine Vorträge wie geplant, auch wenn er während der nächsten Tage nichts zu sich nehmen konnte.

In diesem ästhetischen Land war selbst ein Rednerpult eine Augenweide. Ich sprach in mehreren Vorträgen über die Frau in der Arbeitswelt.

Japan, dieses tapfere Land, hatte es nach dem Krieg geschafft, sich wirtschaftlich aufzurappeln und sich trotzdem westlicher Dominanz zu entziehen.

Japan war nun reich, aber die Japaner waren arm. Das Pro-Kopf-Einkommen entsprach etwa dem Venezuelas. Frauen bekamen nur die Hälfte.

Japans ständig wachsende Bevölkerung, die nun bald 100 Millionen erreichte, war eines seiner größten Probleme. Die Japanerinnen bekamen einfach zu viele Kinder.

Der Verkehr war chaotisch; jeden Tag gab es Tote. Auch wir entgingen einmal knapp dem Tod durch Karambolage.

Uns gefielen die Holzhäuser in den alten Vierteln um einiges besser als die seelenlosen Neubauten aus Beton.

Abends huschten die jungen Bardamen nach der Arbeit durch die laternenbeschienenen Gassen nach Hause. Manche waren traditionell gekleidet, andere westlich. Wir waren uns einig, dass sie viel hübscher waren als die Geishas.

Die Witwe des Schriftstellers Tanizaki hatte gehört, dass Sarte die Bücher ihres verstorbenen Mannes besonders schätzte.

Sie lud uns in einen Tempel zum Tee ein.

...UNSERE ÜBERSETZERIN, Tomiko.

Meine Schwiegertochter.

M. Sartre würde gerne ein paar Fragen stellen, wie der große Schriftsteller Tanizaki zu seinen Inspirationen kam.

»Tee« wurde hier ein bitteres, grünes Gebräu genannt, das man aus Schälchen trank.

Tomiko, können Sie Frau Tanizaki fragen, ob ihr Mann wirklich auf die Weise experimentiert hat...

...wie er in seinen Büchern beschreibt?

Tanizaki war bekannt und berüchtigt für seine erotischen Romane.

hi hi

HERR Tanizaki hatte eine große Fantasie...

Aber er war ein anständiger Ehemann.

In einem frühen Roman erzählte Tanizaki, wie er die Ehefrau seines besten Freundes mit dessen Einverständnis verführte.

Einmal—NUR einmal! —wollte er eine neue Praktik mit mir ausprobieren, um für einen Roman zu recherchieren

Ein späteres Buch handelte davon, wie Tanizaki ein Abenteuer mit seiner Schwiegertochter hatte.

Die Schwiegertochter schenkte uns Tee ein und lächelte.

Bäh!

Mir war Whiskey lieber.

Ich war fasziniert von der bedachtsamen Ästhetik der japanischen Kultur, die wie langsam gewachsen schien.

Auf dem Weg nach Kyoto machten wir an einem Waldfriedhof halt.

Willkommen, Madame de Beauvoir.

Ich finde Ihre Ideen über Mann und Frau sehr interessant.

Sie haben mein Buch gelesen?!

Würden Sie es für mich signieren?

DAS ANDERE GESCHLECHT

Aber Sie wissen vielleicht...

... In meiner Religion muss eine Frau erst als Mann wieder geboren werden, bevor sie ins Nirvana gelangt.

Nun, wenn Sie wirklich daran glauben...

119

DAS RUSSELL-TRIBUNAL

Im Frühling '67 hatte ich eigentlich keine große Lust, Paris zu verlassen.

Aber Lord Russell sagt, wir sollen unbedingt dabei sein. ...

... und Dedijer wird wohl keine Einreiseerlaubnis nach Frankreich bekommen.

Genossin? Hier Dedijer!

Sie haben mir diesmal das Visum verweigert!

WAS?!?

Das gibt's doch nicht! Wir schreiben einen Brief an Präsident De Gaulle.

M. le Président, stimmt es, dass Dedijer absichtlich die Einreise verwehrt wird, damit unser Vorhaben nicht in Paris stattfinden kann?

Später ... Und, was schreibt De Gaulle zurück?

Hm, er sagt: »Einerseits, natürlich nicht, andererseits, ja doch.«

... Typisch De Gaulle. Er will es sich eben nicht mit den Amerikanern verscherzen.

Tja, ...dann müssen wir das RUSSELL TRIBUNAL eben wo anders abhalten.

Unsere Kollegen vom Tribunal fragten in Schweden an, ob wir dort als Gäste aufgenommen würden. Zuerst sagte die schwedische Regierung ab.

Am nächsten Tag kam eine andere Antwort: Die Schweden sähen es zwar ungern, aber ihre Verfassung gebot es ihnen, uns doch aufzunehmen.

Das erste Russell-Tribunal sollte also in Stockholm stattfinden.

Das Tribunal sollte sich mit dem andauernden Krieg der Amerikaner in Vietnam beschäftigen.

... Hi, I'm Dave, aus den USA. Ich bin Pazifist.

Ich bin Sakata aus Japan

Melba, die Gesandte aus Kuba.

Sartre, sehr erfreut!

Und sie müssen Dedijer aus Jugoslawien sein!

Ja, ich habe es nun doch über den eisernen Vorhang her geschafft.

Lord Russell hatte die Idee dazu. Er konnte leider nicht dabei sein wegen seiner 96 Jahre. Intellektuelle und Aktivisten aus aller Welt waren in Stockholm angereist.

Wir waren alle die Geschworenen.

Nach dem Vorbild der Nürnberger Prozesse würden wir über die Kriegsverbrechen urteilen, die seit Jahren von amerikanischen Truppen in Vietnam begangen wurden, mit dem Unterschied, dass unser Urteil nicht legal bindend war.

Es ging uns vor allem darum, die Öffentlichkeit aufzurütteln.

»Wir wollen in diesem Prozess Aufklärung erlangen über folgende Fragen: ...«

Punkt 1: Führen die USA in Vietnam einen Angriffskrieg, der gegen das Völkerrecht verstößt?

Punkt 2: Verwenden sie experimentelle Waffen, die hauptsächlich die Zivilbevölkerung töten?

Bärtige Langhaarige und blonde Riesinnen in Miniröcken liefen emsig durch die Gänge. Es waren junge Freiwillige, die uns halfen, weil sie auch gegen den Vietnamkrieg waren.

Do you want coffee?

Diese Jugendlichen sind ja toll!

– Das muss ich Fidel erzählen.

Melba aus Kuba hatte im Guerilla-Krieg neben Fidel Castro gekämpft.

Dieser ›Carnaby-kleidungsstil‹ ist bei uns auf Kuba nämlich streng verboten.

Wenn Fidel von diesen jungen Leuten hört, erlaubt er ihn ab jetzt bestimmt!

Vor dem Gebäude warteten ebenso junge Leute auf uns. Ihre Plakate waren nicht so nett. Dies waren die Gegendemonstranten gegen unser Tribunal.

Es gab auch eine Pro-Demonstration — für uns, gegen den Krieg. Beide Versammlungen liefen sehr zivilisiert ab. Merkwürdigerweise sahen die beiden Gruppen recht ähnlich aus, wenn man vom Inhalt der Plakate absah.

Mein Freund Claude war für ein paar Tage nach Stockholm gekommen.

Er sollte Sartre als Präsident des Tribunals vertreten, wenn es ihm mal zu viel wurde.

In der Mittagspause gingen wir in der Altstadt spazieren. Wenn die Sonne herauskam, leuchtete Stockholm wie ein buntes Schmuckstück.

Wir stöberten gerne in alten Buchläden.

Claude ...

Da sah ich die öbszönsten Bilder, die mir je in meinem Leben zu Gesicht gekommen waren.

Äh...

... Ob die Schweden wohl ein sehr sexuell aktives Volk sind?

Grundsätzlich kommen mir die Skandinavier ja recht zurückhaltend vor.

Zehn Tage lang sichteten wir Beweismaterial, wir sahen Videos und hörten Zeugenaussagen an. Die Presse war eingeladen.

An manchen Tagen war es sehr dröge. Wir diskutierten stundenlang über Formulierungen. Morgens noch im Dunkeln aufzustehen, war nicht mein Ding.

An anderen Tagen jedoch ...

Soldaten filmen sich selbst dabei, wie sie aus Spaß vietnamesische Bauern foltern ...

Streubomben ... brennende Strohhütten ... brennende Zivilisten ...

Schließlich wurde ein Kind aus Vietnam vorgeführt.

Die Zeitungen schrieben: Das Kind wäre »ein bisschen« verbrannt gewesen – wenn sie überhaupt über das Kind schrieben.

Wir hatten Zeugen. Wir hatten Beweise. Wir hatten die Presse eingeladen.

Obwohl die anwesenden Reporter betroffen wirkten, schrieben nur sehr wenige ausführlich und ehrlich über die Dinge, die sie hier sehen und hören konnten.

Wir kamen einstimmig zu dem Urteil, dass die USA in allen Punkten schuldig waren.

Danke, dass ihr alle dabei wart!

Noch Jahre sollten das Morden und Sterben weitergehen. Es dauerte zu lange, bis die öffentliche Meinung sich endlich auf unsere Seite neigte. Erst dann waren die USA gezwungen, sich aus Vietnam zurückzuziehen.

123

MITLEID MIT DER GANZEN WELT

Es gab da noch eine Sache, die mir jahrelang schwer auf den Magen schlug.

Um nicht zu sagen, Ich wurde desillusioniert.

Diesmal machte sich mein Land, meine Regierung, schuldig.

Jetzt, wo ich engagiert war, konnte ich nicht mehr wegschauen.

Algerien wollte nicht mehr Frankreichs Kolonie sein. Es gab dort Unabhängigkeitsrevolten und Bürgerkrieg.

Die französisch geführten Behörden schlugen mit harter Hand zurück. Auf jeden getöteten Pied-Noir* wurden als Antwort je tausend muslimische Algerier verschleppt, in Lager gesteckt oder getötet.

*Algerier französischer Herkunft

Darüber war aber nicht viel in den Pariser Zeitungen zu lesen.

Außerdem wurden Algerier durch unsere Beamten gefoltert. Das wurde verschwiegen oder heruntergespielt.

Das Rote Kreuz führte einmal eine Untersuchung in den Internierungslagern in Algerien durch. *Le Monde* druckte nur ein paar wenige harmlosere Ausschnitte dieser Berichte ab.

Die Informationen waren wie ausgesiebt, ausgedünnt.

Über das wahre Ausmaß der Gräueltaten konnte man in dem vollständigen Bericht des Roten Kreuz nachlesen, der aber geheim blieb. Mir wurde übel.

Le Monde machten das, was die Mächtigen und ihre Steigbügelhalter eben taten: Sie erzählten keine offensichtlich widerlegbaren Lügen. Aber sie ließen das Wichtigste weg.

Ein solches Auslassen ist die schlimmste Art zu lügen.

Eine Menschenrechts-anwältin kontaktierte mich.

Sie vertrat ein junges algerisches Mädchen namens Djamila, die gefoltert worden war. Sie bat mich, meine Stimme zu nutzen und darüber zu schreiben.

HIER IST DER REDAKTEUR VON LE MONDE. HÖREN SIE, MADAME, WIR KÖNNEN DAS SO NICHT BRINGEN.

WIESO?

Ich wollte den Artikel über Djamila bei *Le Monde* unterbringen.

SIE SCHREIBEN DA RECHT EXPLIZIT, DASS DER JUNGEN DAME UNTEN-RUM... ÖH...

WISSEN SIE, WIR HABEN JA AUCH JÜNGERE LESER. DENEN KÖNNEN WIR DAS NICHT ZUMUTEN.

IHR WURDE EINE FLASCHE IN DIE SCHEIDE GESTECKT. WIE WIE SOLL ICH DAS DENN SONST AUS- DRÜCKEN?!

Die Anwältin und ich beka-men zumindest einen Termin im Justizministerium, wo wir uns beschweren wollten.

MEINE DAMEN, ICH HABE SCHON VON IHREM FALL GEHÖRT. TRAGISCH, TRAGISCH.

ES WIRD GEFOLTERT, UND NIEMAND TUT ETWAS!

MEIN GOTT, DAS WEISS ICH DOCH. ES WIRD ABER SICHER BALD BESSER WERDEN.

ICH MUSS NUR STARK ANZWEIFELN, DASS IHRE KLIENTIN DJAMILA SO... UNSCHULDIG WAR, WIE Mme de Beauvoir IN IHREM ARTIKEL BE-SCHREIBT.

ICH HABE FOTOS GESEHEN, WO SIE MIT EINEM GE-WEHR POSIERT, UMRINGT VON LAUTER JUNGEN MÄNNERN.

DAS IST JA WOHL KEIN GRUND, SIE ZU FOL-TERN!!!

...ABER DAS IST DOCH KEINE JUNGFRAU, WENN DIE TAGTÄGLICH MIT JUN-GEN REVOLUTIONÄREN UNTERWEGS IST!

OH DOCH. SIE WAR JUNGFRAU. BEVOR SIE MIT EINER FLASCHE VERGEWALTIGT WURDE.

SIE WISSEN SICHERLICH, MEINE DAMEN, WAS BEI DEN VIETKONG PASSIERT?

DA WIRD DAS OPFER AUF EINE FLASCHE GESETZT, SO DASS SIE ZERBRICHT. MAN VER-BLUTET DANN IN-NERLICH.

IHRE DJAMILA KANN ALSO FROH SEIN, DASS SIE NICHT IN VIETNAM IST.

SEIEN WIR REALISTISCH...

WENN WIR UNSEREN GENERÄLEN DORT NICHT EINEN GEWISSEN SPIEL-RAUM LASSEN WÜRDEN, DANN KÖNNTE IN ALGIER DOCH NIEMAND MEHR SICHER DIE STRASSE ÜBER-QUEREN.

Also recht-fertigen Sie die Folter!

Ach, legen Sie mir doch keine Behauptungen in den Mund.

Das waren also die ›Pragmatiker‹, von denen wir regiert wurden.

Claude und ich konnten an keinem Tag mit dem Auto durch Paris fahren, ohne auf nordafrikanisch aussehende junge Männer zu treffen ...

tatü tata

Hände hoch!

Los, an die Wand!

... die von der Polizei ungerecht behandelt oder geschlagen wurden.

Komm, Simone, lass uns irgendwo mittag-essen gehen.

bla bla

Meine französischen Mitbürger wollten von all dem nichts wissen. Sie stopften ihre selbstzufriedenen Gesichter mit schwerem Essen voll.

...Nur ein toter Moslem ist ein guter Moslem!

mampf

Nirgendwo konnte ich mehr der dümmlichen Grausamkeit der ›braven Leute‹ entkommen.

Rums

Restaurant

schluchz

Claude, ich bin durch und durch FRANZÖSIN.

... aber ich kann die Franzosen nicht mehr ausstehen.

INZWISCHEN glaube ich ja, der Faschismus wurde erst möglich gemacht durch die Gehässigkeit der Kleinbürger.

Seit Jahrzehnten kämpfte ich gegen faschistische Werte. Unsere Hoffnungen waren so groß gewesen nach dem Krieg.

Und nun schien er zurückzukommen.

Ich hatte Mitleid mit der ganzen Welt.

SPUCK

Es war nicht genug.

Claude wurde mit anderen linksradikalen Schriftstellern nach Nordkorea eingeladen, und ich fuhr mit Sartre nach Rom.

Wir verbrachten inzwischen den Sommer am liebsten in Rom. Kaum jemand kannte uns dort. Hier konnten wir den Franzosen ausweichen.

Zeitung?

Lieber nicht.

Rom ist sooo schön...

Sartre?

Ja?

Früher war es schöner, oder?

Sartre und ich gestanden uns ein, dass wir beide derzeit nicht sehr glücklich waren.

Dieses furchtbare Jahr endete mit meiner Trennung von Claude – nach sieben Jahren Beziehung.

127

ALT

Eines Tages schaute ich bei Sartre vorbei, der schon länger nichts mehr von sich hatte hören lassen. Er war sehr beschäftigt mit einem neuen Theaterstück, das bald Premiere haben sollte.

Sartre? Aber was tun Sie denn da?

...Muss ...schreiben...

Es tat mir weh, das unleserliche Gekritzel, das Sartre fabrizierte, ansehen zu müssen.

krikel di krakel

Ich holte einen Arzt.

Monsieur Sartre?

...Muss schreiben!

Sie sind überlastet. Sie müssen sich dringend schonen.

Nehmen Sie ihm die Pillen weg...

...und den Alkohol.

Wenn er so weitermacht, hat er vielleicht noch sechs Wochen zu zuleben.

Sartre entging um Haaresbreite einem Schlaganfall. Ich zwang ihn, die Premiere seines neuen Stückes zu veschieben. Nach und nach ging es ihm wieder besser.

Jedoch: Es war geschehen. Wir waren alt.

Altern war kein Zuckerschlecken. Aber was konnte man tun?

Ich tat, was ich normalerweise tat. Ich las, ich recherchierte und schrieb darüber ein Buch.

LA VIEILLESSE

Die Kritiker fanden meine Ergebnisse zu negativ. Sie hätten es lieber gehabt, wenn ich behauptet hätte, das Alter sei so friedlich und leuchtend wie der Herbst und ich fühlte mich jung wie eh und je.

»Mme de Beauvoirs Probleme könnten ganz einfach mit einem professionellen Facelifting gelöst werden.«

Wie so oft, war negative Kritik ein rein persönlicher Angriff auf mich.

Ich weiß nicht, wie ich ins Freie gekommen bin. In der nächsten Traumsequenz hüpfe ich draußen eine Treppe hinunter.

Buh!

Zaroukine lauert mir wieder auf.

Zaroukine, willst du mit in die Stadt? Ich gehe in die Stadt.

... Aber es ist doch viel zu spät!

Zur rechten öffnet sich eine Tür.

WÄÄÄ

Dahinter befindet sich eine Säuglingsstation.

Sehen Sie...

Die Schwester will mir etwas zeigen.

Ah.

Sie hält mir ein Baby hin.

Der Körper ist winzig und verkümmert, der Kopf aber riesig, wie der eines Erwachsenen.

Danach bin ich sehr erleichtert, wieder an der Sonne zu sein.

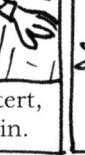

patsch

Minerva!*

Da fällt mir endlich ein, wie mein Hotel heißt:

* griech.: Athene

130

Sartre hat ein Studio gemietet im zehnten Stock eines neuen Hochhauses mit Blick über den Friedhof Montparnasse. Jeden Abend besuche ich ihn dort, wir trinken ein Glas Wein und besprechen unsere Arbeit.

Nun bin ich bald 70 Jahre alt. Ich verbringe immernoch viel Zeit mit meiner ›kleinen Familie‹. Olga und Bost wohnen nur ein Stockwerk unter mir.

Die Aussicht auf Paris hat sich sehr verändert. Die Stadt wächst und wächst. Wir sehen hohe Türme am Horizont, die es vor zehn Jahren nicht gab.

Jeden Abend trinken wir ein Glas Wein (oder zwei), und sehen uns zusammen den Sonnenuntergang über Paris an.

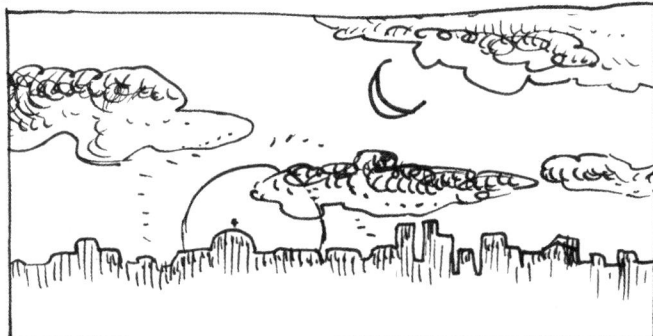

Nacht senkt sich über die Stadt.

Dann geht jeder nach Hause.

Sartre zu sich, und ich zu mir.

Simone?

Bist du bereit?

Ich schminke mich inzwischen nicht mehr. Mein Aussehen ist mir egal.

Ich mache mich nur noch so weit zurecht, dass ich die Leute nicht verstöre.

Ich nehme mir aber heraus, bequemerweise bloß meinen roten Bademantel zu tragen, wenn ich Menschen empfange.

Alt sein ist nicht so düster für mich, wie mein Schreiben über das Alter einige vermuten ließ. Viele wollen etwas von mir. Ich bekomme viele Briefe.

Und es gibt inzwischen Sylvie Le Bon.

Sie ist mir eine enge Freundin,

... sie ist mir eine große Stütze.

Klapp

Klapp

Klatsch

Ich habe in meinen Ansichten so gut wie nie mit dem Zeitgeist übereingestimmt.
Ich habe mir dadurch viele Feinde gemacht. Aber noch bessere Freunde.

Jetzt, wo ich alt bin, verstehe ich mich am besten mit den jungen Menschen. Sie verkörpern für mich die permanente Rebellion und den Wandel.

Ich bin nun in der Frauenbewegung aktiv und unterstütze Anliegen, die mir wichtig erscheinen, wo immer ich kann.

Teil IV:
ALLE MENSCHEN
STERBEN

137

138

139

Nach Sartres Tod gab seine Freundin Arlette seine Briefe an mich heraus, in denen er oft flapsig von seinen Eroberungen erzählte. Die Öffentlichkeit nahm großen Anteil daran, wie sehr ich unter dem Macho und seinen Affairen gelitten haben musste.

Das ist aber nur die halbe Wahrheit.

Simone de Beauvoir

BRIEFE AN SARTRE

1930 - 1939

Sollten sie jemals meine persönlichen Briefe zu Gesicht bekommen, werden sie ihre Meinung ändern ... Sie werden sehen, dass ich mindestens genauso schlimm war wie er.

Als kleines Mädchen habe ich davon geträumt, eines Tages durch meine Bücher unsterblich zu werden ...

... so wie die großen Schriftsteller der Literaturgeschichte.

Ich weiß nicht, ob mir das gelungen ist. Aber ich habe mich den Menschen mitteilen können.

Wer weiß, vielleicht hätte der Fluss der Dinge ja irgendwo einen etwas anderen Verlauf genommen ohne mein Wirken.

ende

Algren, **Nelson**
*1909 – 1981
US-amerikanischer Schriftsteller aus Chicago. Er fand seine Inspiration in Charakteren, die von der ›guten Gesellschaft‹ ausgeschlossen waren. Lou Reed schrieb den Song »Walk on the Wild Side« inspiriert von Algrens gleichnamigem Roman, der in New Orleans im Milieu von Huren, Zuhältern, Drogenabhängigen und Kriminellen spielt.

Boupacha, **Djamila**
*1938
Djamila war Mitglied der Algerischen nationalen Befreiungsfront (FLN) und wurde 1960 festgenommen, weil sie unter Verdacht stand, eine Bombe in Algier gelegt zu haben. Ihr Geständnis wurde durch wochenlange Folter erzwungen. Durch das Engagement der bekannten Anwältin Gisèle Halimi, die ihre Verteidigung übernahm und dabei die Folter anklagte, wurde Djamila weltweit bekannt. Picasso zeichnete ein Porträt von ihr. Sie wurde zum Tode verurteilt, erhielt aber 1962 eine Amnestie.

Bost, Jacques-Laurent
*1916 – 1990
Der jüngere Bost (der ältere Bruder war der Schriftsteller Pierre Bost) war ein lebenslanger guter Freund – und zeitweiliger Liebhaber – Simones. Er arbeitete als Journalist und Autor und schrieb Drehbücher für viele Filme.
Er und Olga Kosakiewicz heirateten, vermutlich 1946.

Camille
Eine Exfreundin Sartres, die später mit dem bekannten Pariser Theaterschauspieler Charles Dullin liiert war. Sie war Schauspielerin, Autorin, Regisseurin und aufgrund ihrer Extravaganz in den 30er-Jahren ein bekanntes Pariser ›It-Girl‹.
Sie starb, nicht sehr alt geworden, an Alkoholismus.

Camus, Albert
*1913 – 1960
Camus galt neben Sartre als der andere große ›Existenzialist‹, obwohl er das Label stets ablehnte.
Zwischen dem 2. Weltkrieg und den 50er-Jahren war er mit der Clique um Beauvoir und Sartre befreundet. Später zerstritten er und Sartre sich über politische Differenzen. Camus war selbst Franko-Algerier

(›Pied Noir‹) und wuchs in Nordafrika in der Arbeiterklasse auf, bevor er nach Paris zog. Während des Algerien-Krieges sprach er sich generell gegen Gewalt aus und versuchte, zwischen den Konfliktparteien zu vermitteln. Sartre, der aus dem privilegierten Pariser Bildungsbürgertum stammte, setzte sich (schreibend) für radikalere Ziele ein: Er unterstützte die algerische revolutionäre FLN (nationale Befreiungsfront), die terroristische Anschläge mit vielen zivilen Todesopfern verübte. Sartre sah Gewalt durch das Volk als legitimes Mittel im Kampf gegen die Mächtigen an und bezeichnete Camus als Konservativen, der durch seine Positionierung die Verbrechen der Herrschenden im Algerienkrieg legitimieren würde.

Camus starb am 4. Januar 1960 (seinem Geburtstag) bei einem Autounfall als Beifahrer.

Dedijer, Vladimir
*1914 – 1990
Dedijer kämpfte im 2. Weltkrieg als Partisan neben Tito für die jugoslawische Unabhängigkeit. Danach war er Geschichtsprofessor in Belgrad. Er fiel 1955 bei Präsident Tito in Ungnade und verlor all seine Positionen, als Professor, als Politiker, als jugoslawischer Abgeordneter. Im Exil in England und in den USA lehrte er unter anderem in Oxford und in Harvard. 1964 konnte er wieder nach Jugoslawien zurückkehren. Wegen seines Engagements gegen den Vietnamkrieg verweigerten ihm daraufhin die USA zeitweilig die Einreise.

De Gaulle, Charles
*1890 – 1970
De Gaulle war von 1959 bis ´69 französischer Staatspräsident. Er wurde im 2. Weltkrieg zum General befördert, flüchtete vor der deutschen Besatzung ins Exil nach Nordafrika und führte von Algier aus das selbsternannte »Freie Frankreich« mit an, ein Freiwilligenregiment, welches aufseiten der französischen Résistance gegen die Deutschen stand.
1958, als Frankreichs Stellung als Kolonialmacht durch den Algerienkrieg in die Krise geriet, forderten rechtsnationale Militärs De Gaulles Einsetzung als Führer einer gesamtfranzösischen Notstandsregierung für Frankreich und all seine Kolonien. Er wurde danach legal vom Volk zum Präsidenten gewählt mitsamt einer neuen Verfassung (die ihm als Präsidenten mehr Macht gegenüber dem Parlament gab als vorher), und leitete damit die bis heute bestehende 5. französische Republik ein.

De Beauvoir, **Hélène** (Poupette)
*1910 – 2001
Simones jüngere Schwester. Sie lernte im Alter von 30 Jahren ihren Mann Lionel kennen, mit dem sie lange in Portugal und später wieder in Frankreich lebte.
Sie war Malerin und fand ihren eigenen Stil zwischen figurativ und abstrakt.

Jacques

Simones Cousin, für den sie als junges Mädchen schwärmte. Jacques war hin- und hergerissen zwischen einem unkonventionellen, eigenständigen Leben und der Verantwortung, die er einzugehen hatte, als er die Glasfabrik seines Großvaters übernahm. Er entschied sich schließlich für den bürgerlichen Lebensentwurf, heiratete eine ›gute Partie‹ und führte das Familienunternehmen weiter.

Jacques endete als gescheiterter Unternehmer. Er war verschuldet, geschiedener Familienvater und Alkoholiker als er starb.

Kosakiewicz, **Olga**
*1915 – 1983

Olga und ihre Schwester Wanda berichteten später, sie hätten nach ihrer jeweiligen Beziehung zu Sartre (und im Falle von Olga auch zu Simone) »erst einmal eine Therapie gebraucht«.

Olga und Simone waren trotzdem ein Leben lang befreundet.

Simone nannte Olga und Bost einen Bestandteil ihrer selbst gewählten »petite famille«.

Lacoin, Elisabeth (**Zaza**)
*1907 – 1929

Simones beste Freundin während ihrer Jugend, mit der sie zusammen eine katholische Mädchenschule besuchte. Zazas strenge Familie verbot ihr zwei Mal hintereinander die Verlobung mit einem jungen Mann ihrer Wahl und befürwortete stattdessen eine arrangierte Ehe für sie.

Sie starb an Hirnhautentzündung infolge einer seelischen Krise.

Lamblin, Bianca
*1921 als Bianca Bienenfeld

Bianca war neben Olga eine Schülerin von Simone in Rouen.

Biancas sexuelle Beziehung zu Simone während des 2. Weltkriegs kommt in diesem Comic nicht vor. Sie wurde von Simone zeitlebens verheimlicht, möglicherweise teils aus rechtlichen Gründen, und kam erst ans Licht, als Sylvie Le Bon die Briefe de Beauvoirs nach deren Tod veröffentlichte. Bianca gab daraufhin ein Buch mit ihrer eigenen Version der Geschichte heraus: *Memoiren eines getäuschten Mädchens*.

Lanzmann, **Claude**
*1925 – 2018

Claude war der einzige Partner, mit dem Simone je eine gemeinsame Wohnung bezog. Sie lebten 7 Jahre lang zusammen, von 1952 bis '58. Sie half ihm, die Dokumentation *Shoah* über den Holocaust zu finanzieren. Sie blieben bis zu Simones Lebensende befreundet.

Le Bon de Beauvoir, **Sylvie**
*1941
Sie schrieb in den 60er-Jahren als junge Philosophiestudentin Fan-Briefe an Simone de Beauvoir. Die beiden befreundeten sich; und Sylvie wurde von Simone später adoptiert und damit als deren Erbin eingesetzt. Sie pflegte Simone im Alter und ordnete und veröffentlichte ihren literarischen Nachlass, als Simone 1986 starb.

Mahieu, **René**
Vermutlich Simones erster Freund. Er wurde, trotz nicht bestandener Abschlussprüfung an der Universität, zu einem französischen Diplomaten im gehobenen Dienst.

Merleau-Ponty, Maurice
*1908 – 1962
Merleau-Ponty wuchs im Pariser Bildungsbürgertum auf und genoss eine katholische Erziehung wie Simone de Beauvoir. Er ging wie sie auf die Universität Sorbonne sowie auf die École Normale Supérieure, um Philosophie zu studieren, und arbeitete später mit Simone und Sartre als Journalist an dem Magazin *Les Temps Modernes* mit. Er war als junger Mann mit Simones Freundin Zaza verlobt, bevor Letztere verstarb.

Nizan, Paul
*1905 – 1940
Studienfreund von Sartre und Simone, Schriftsteller und Mitglied der kommunistischen Partei in Frankreich. 1939/40 distanzierte er sich von Stalins Politik und trat aus der Partei aus. Kurz darauf, nach dem Eintritt Frankreichs in den 2. Weltkrieg, starb er unter ungeklärten Umständen an der Front.

Russell, Bertrand
*1872 –1970
Mathematiker, Gesellschaftsphilosoph, Nobelpreisträger, Earl, Friedensaktivist und vieles mehr. Gründer der *Bertrand Russell Peace Foundation* und des *Russell Tribunals*, in dem es um die Offenlegung von totgeschwiegenen Kriegsverbrechen und Menschenrechtsverletzungen gehen soll.

Sartre, Jean-Paul
*1905 – 1980
Langjähriger Weggefährte Simone de Beauvoirs, Schriftsteller, Publizist und Philosoph, Hauptvertreter des Existenzialismus, wies 1964 den Nobelpreis für Literatur ab. Er hasste Konformismus und strebte nach einer authentischen, nicht bürgerlichen Existenz. Sein Denken drehte sich um das Wesen der Freiheit und die Eigenverantwortung, die frei zu sein mit sich bringt.

Sorokine, Natalie (**Zaroukine**)
*1921 – 1967
Die russischstämmige Natalie Sorokine wuchs in Paris auf und zog nach dem 2. Weltkrieg an die amerikanische Westküste. Zu jener Zeit war sie schwanger von ihrem US-amerikanischen Freund, einem Drehbuchautor, der für Hollywood arbeitete. Dieser wollte die Verfilmung von Simones erfolgreichem Roman *Das Blut der Anderen* auf den Weg bringen, als Simone die beiden 1947 auf ihrer Amerikareise besuchte. Aber die interessierten Studios zogen sich bald wieder aus dem Projekt zurück.

Tanizaki, Jun'ichirō
*1886 – 1965
Japanischer Schriftsteller, dessen literarisches Oeuvre sich an der Schnittstelle zwischen Tradition und Moderne, zwischen japanischer Schreibtradition und westlichem Literatureinfluss, zwischen Fantasie und Autobiografie, zwischen ästhetisierter Sprache und als vulgär angesehenen Themen verorten lässt.

Wright, **Ellen**
Die Eheleute Ellen und Richard Wright, sie weiß, er schwarz, befreundeten sich 1947 mit Simone in New York.
Ellen wurde später zu Simones Verlegerin in den USA.

Wright, **Richard**
*1908 – 1960
Autor von *Black Boy* und *Native Son* – dem ersten Bestseller eines afroamerikanischen Schriftstellers. Er beschäftigte sich mit der Situation der Afroamerikaner in der US-amerikanischen Gesellschaft und gab Simone soziologische Literaturtipps zu dem Thema.

Lisa Neubauer hat
in Berlin als Trick-
filmanimatorin an
vielen Projekten
für Film und Fern-
sehen mitgearbeitet.

Zur Zeit lebt sie auf
einem Bauernhof
in Brandenburg
und hat Zeit, zu
schreiben, was
sie will.

SEXUALITÄT

EIN ILLUSTRIERTER LEITFADEN

Meg-John Barker & Jules Scheele
Sexualität
Ein illustrierter Leitfaden
aus dem Englischen von Tadzio Müller
184 Seiten | 18 Euro | ISBN 978-3-89771-346-8

Sex ist überall. Er kommt in den Geschichten vor, die wir lieben – und in den Geschichten, die wir fürchten. Sex bestimmt, wer wir sind, wie wir sein sollen und welchen Platz wir in der Gesellschaft einzunehmen haben … zumindest wird das behauptet. Zuweilen erscheinen Sex und Sexualität aber wie ein Gruselkabinett voller Monster und anderer Gefahren. Allzu oft verurteilen wir Sexualität, wenn es um die der anderen geht, oder wir erleben Angst, Scham und Schuld, wenn es sich um unsere eigene dreht: Bin ich ›normal‹? Bin ich ›attraktiv‹? Leistungsorientierte Sexualratgeber, verkorkste Debatten über Sexarbeit und Geschichten über sexuelle ›Dysfunktion‹ machen es nicht besser.

Dass es auch anders geht, zeigt dieser wunderbar illustrierte Leitfaden: Mit viel Gefühl, Humor, Sachkenntnis und einem Hauch Erotik bringen Meg-John Barker und Jules Scheele Licht ins Dunkel und entlarven die zahlreichen Ungeheuer.

UNRAST Verlag | www.unrast-verlag.de | kontakt@unrast-verlag.de

Antje Schrupp & Patu

Kleine Geschichte des Feminismus
im euro-amerikanischen Kontext
88 Seiten | 9.80 Euro | ISBN 978-3-89771-314-7

Philosophinnen, Rebellinnen, Aktivistinnen: Dieser Comic erzählt die Geschichte des Feminismus im euro-amerikanischen Kontext von der Antike bis heute. Vorgestellt werden dabei nicht nur einzelne Feministinnen, sondern auch wichtige feministische Debatten, zum Beispiel über gleiche Rechte, Hausarbeit, freie Liebe, Gleichheit und Differenz oder Gendermainstreaming, in ihrem jeweiligen historischen Kontext.

»Ein äußerst empfehlenswertes Werk, um sich in kurzer Zeit einen Überblick über feministische Herstory zu verschaffen und dabei noch durch geniale Zeichnungen und Textblasen gut unterhalten zu werden.«

Tina Schulze, Missy Magazine

UNRAST Verlag | www.unrast-verlag.de | kontakt@unrast-verlag.de

BLICK

Feministischer Comic gegen die Zumutungen des Alltags

Mit dem Comic: »Du hättest nur fragen müssen« über den Mental Load!

Emma

Ein anderer Blick
Feministischer Comic
gegen die Zumutungen des Alltags
2. Auflage | 224 Seiten | B5
19.80 € | ISBN 978-3-89771-330-7

»Voller Feuer, Spaß und Humor ...« *Laurie Penny*

Mit ihren schnörkellosen Comics illustriert die französische Bloggerin *Emma* Alltagssituationen ebenso wie die großen gesellschaftlichen Fragen. Von Sexismus in der Arbeitswelt über häusliche Gewalt und die Anatomie der Klitoris: Emma widmet sich den unterschiedlichsten feministischen und sozialen Themen in einem Dutzend kleiner Geschichten, jede davon lehrreich, berührend und gleichzeitig humorvoll erzählt.

» ... kluge, humorvolle Beobachtungen, auch über rassistische Polizeigewalt und Kritik am Kapitalismus.« – Ramona Westhof, Deutschlandfunk Kultur

»Mental Load, Male Gaze, Gaslighting: Mit schlichten Zeichnungen klärt dies Buch über Begriffe und Phänomene auf. Zum Lernen und Lachen!« – Sophia Zessnik, taz

UNRAST Verlag | www.unrast-verlag.de | kontakt@unrast-verlag.de